丛书编委会

儿童青少年科学健身指导丛书

儿童青少年
运动健康促进科普问答

国家体育总局青少年体育司

国家体育总局体育科学研究所   主编

徐建方　李 良　路瑛丽　冯连世　编著

人民邮电出版社

北 京

图书在版编目（ＣＩＰ）数据

儿童青少年运动健康促进科普问答 / 国家体育总局青少年体育司，国家体育总局体育科学研究所主编；徐建方等编著. -- 北京：人民邮电出版社，2020.9
（儿童青少年科学健身指导丛书）
ISBN 978-7-115-54030-0

Ⅰ. ①儿… Ⅱ. ①国… ②国… ③徐… Ⅲ. ①儿童－体育锻炼－中国－问题解答②青少年－体育锻炼－中国－问题解答 Ⅳ. ①G806-44

中国版本图书馆CIP数据核字(2020)第085160号

免责声明

内 容 提 要

本书由国家体育总局青少年体育司联合国家体育总局体育科学研究所主编，集合国内儿童青少年体质健康促进研究专家，针对全国儿童青少年体质水平逐年下降，以及儿童青少年肥胖、近视和弯腰驼背等体质健康问题不断加剧的现状，采用手绘图解的形式，对儿童青少年科学健身、运动减脂、近视防控和脊柱健康4个方面的82个常见疑问与误区进行了解释说明，旨在进一步促进儿童青少年健康知识的普及。

- ◆ 主　　编　国家体育总局青少年体育司
　　　　　　　国家体育总局体育科学研究所
　　编　　著　徐建方　李　良　路瑛丽　冯连世
　　责任编辑　刘　蕊
　　责任印制　周昇亮
- ◆ 人民邮电出版社出版发行　　北京市丰台区成寿寺路 11 号
　　邮编　100164　　电子邮件　315@ptpress.com.cn
　　网址　https://www.ptpress.com.cn
　　北京九州迅驰传媒文化有限公司印刷
- ◆ 开本：700×1000　1/16
　　印张：7.25　　　　　　　　　　　2020 年 9 月第 1 版
　　字数：140 千字　　　　　　　　　2024 年 12 月北京第 10 次印刷

定价：39.80 元

读者服务热线：(010)81055296　印装质量热线：(010)81055316
反盗版热线：(010)81055315
广告经营许可证：京东市监广登字 20170147 号

丛书序

　　儿童青少年是祖国的未来，民族的希望。党和政府历来重视和关心儿童青少年的体质健康问题，并相继发布了《中共中央国务院关于加强青少年体育增强青少年体质的意见》《国务院办公厅关于强化学校体育促进学生身心健康全面发展的意见》和《健康中国行动（2019—2030 年）》等重要文件，指导落实儿童青少年体质健康促进工作。少年强则中国强，体育强则中国强。因此，普及科学健身知识、提高科学健身素养、树立科学健身意识，指导儿童青少年积极参与体育健身运动，增强体魄、健全人格、锤炼意志，凝聚和焕发青春力量，对助力实现体育强国中国梦，及为中华民族伟大复兴贡献力量具有重要意义。

　　为应对由缺乏体育锻炼导致的儿童青少年体质健康水平下降的问题和适应新形势下儿童青少年体育工作的需要，国家体育总局结合"全国青少年科学健身指导普及"专项工作，组织编写了"儿童青少年科学健身指导丛书"（以下简称"丛书"）。丛书由国家体育总局青少年体育司和国家体育总局体育科学研究所主编，围绕当前儿童青少年体质健康所面临的问题，分阶段从儿童青少年科学健身指南、运动健康促进知识问答、不同身体素质提升、运动减脂、脊柱健康促进、近视防控和体测达标等板块入手，旨在为儿童青少年的健康成长和体育锻炼提供科学指导。丛书内容翔实，图文并茂，简练易读，从儿童青少年科学健身的知识性和实用性出发，介绍了适合儿童青少年学习体育锻炼的理论知识和锻炼方法；同时，也充分考虑了儿童青少年的兴趣特点和接受程度，以期提高儿童青少年的科学健身素养和体质健康水平。对从事儿童青少年身体训练与健康促进相关工作的老师、教练和研究人员来说，丛书也具有一定的参考价值。

丛书的作者团队多由长期致力于儿童青少年体育研究、运动科普和科学健身指导工作的一线研究人员组成，在编著过程中充分吸收了国内外的最新知识，努力将相关领域的研究和应用结果贯穿到丛书的每个角落，力求相关知识点的准确性。但由于时间和能力有限，丛书中难免会有谬误之处，敬请指正，以便及时修正完善。在丛书的编著过程中，国家体育总局体育科学研究所张斌、崔新雯、于博华、郭瑞芃和付天天等几位硕士和博士做了大量的文献收集与整理工作，为丛书的出版做出了贡献。

作为体育工作者，我们希望更多、更好、更快和更准确地向儿童青少年普及体育锻炼知识和方法；希望通过体育锻炼实现"文明其精神，野蛮其体魄"；希望儿童青少年能健康、快乐地成长，养成终身体育锻炼的好习惯！

"儿童青少年科学健身指导丛书"编写组

目录
CONTENTS

第 1 章　儿童青少年科学健身科普问答

第 **2** 章 儿童青少年运动减脂科普问答

第 **3** 章　儿童青少年近视防控科普问答

第 **4** 章　儿童青少年脊柱健康科普问答

第 **1** 章

儿童青少年
科学健身科普问答

随着物质文化生活水平的提高和现代生活、学习及工作节奏的加快，人们越来越感觉到体育锻炼的重要性。儿童青少年的体育锻炼要从儿童青少年的生理和心理特征出发，循序渐进，持之以恒。

Q 1 为什么说儿童青少年的健康成长离不开体育锻炼？

A

儿童青少年肥胖及心血管系统机能的下降是诱发成年糖尿病和冠心病等慢性病的重要原因，而科学进行体育锻炼是预防这些慢性病的重要手段。

1. 体育锻炼中，儿童青少年的肌肉和骨骼接受外界刺激，这有利于其肌肉和骨骼的发育。

2. 长期科学地进行体育锻炼可增大儿童青少年的胸围和呼吸肌的力量，从而提高其肺活量，增强其心肺功能。

3. 体育锻炼能促进神经系统的发育。如果一个人在儿童青少年时期缺乏体育锻炼，其成年后的动作协调能力会比较差。

4. 体育锻炼可缓解眼部疲劳，减缓近视进程，保护视力。在儿童青少年的运动过程中，其睫状肌不断地收缩与舒张，眼部血液循环加快，从而被输送更多的营养。另外，在户外强光照射下，儿童青少年的瞳孔缩小，景深增大，离焦导致的模糊减少，这可有效抑制近视的发生。

5. 体育锻炼能缓解焦虑和紧张，减少甚至消除负面情绪，从而提升儿童青少年的心理健康水平。同时，参加体育锻炼还有助于儿童青少年理性地对待挫折，树立正确的人生观。

6. 体育锻炼是儿童青少年重要的社交平台，与同龄人一起进行体育锻炼有助

于他们构建良好的人际关系。

● 体育锻炼的优点 ●

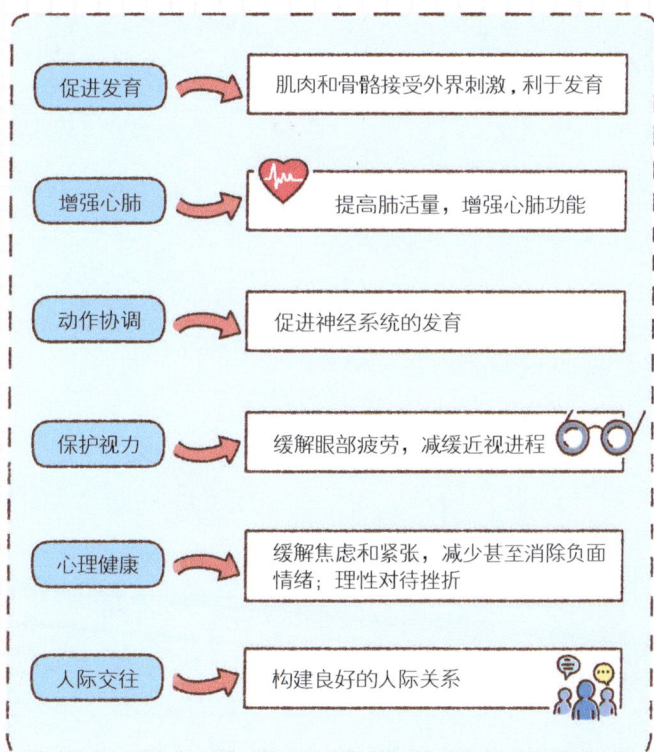

促进发育	肌肉和骨骼接受外界刺激，利于发育
增强心肺	提高肺活量，增强心肺功能
动作协调	促进神经系统的发育
保护视力	缓解眼部疲劳，减缓近视进程
心理健康	缓解焦虑和紧张，减少甚至消除负面情绪；理性对待挫折
人际交往	构建良好的人际关系

Q2 | 儿童青少年为什么要学习基本运动技能？

A

　　基本运动技能掌握较好的儿童青少年，动作学习能力强，动作完成得更加流畅、优美，从而更能享受到体育锻炼的乐趣。学习基本运动技能的最佳时期就是儿童青少年时期，在该阶段充分地掌握基本运动技能，可为后续参与更丰富多样的运动项目和长期坚持体育锻炼打下坚实的基础。

基本运动技能的三项内容

身体移动能力：爬、跑、跳、游泳、滑冰和滑雪等

身体平衡能力：屈体、转体、滚翻、保持动态平衡和保持静态平衡等

身体操控物体能力：接球、抛球、投球、击球、运球和传球等

Q3 | 我们通常说的"身体素质"是什么?

A

　　身体素质是人体在活动中表现出来的力量、速度、耐力、灵敏性、柔韧性和平衡性等方面的能力的总称,是个体为了满足自身生活或运动需要而储备的身体能力。良好的身体素质不仅是身体健康的表现,也是掌握运动技能的基础,还有助于体育锻炼行为的持续进行,从而进一步促进健康,形成良性循环。

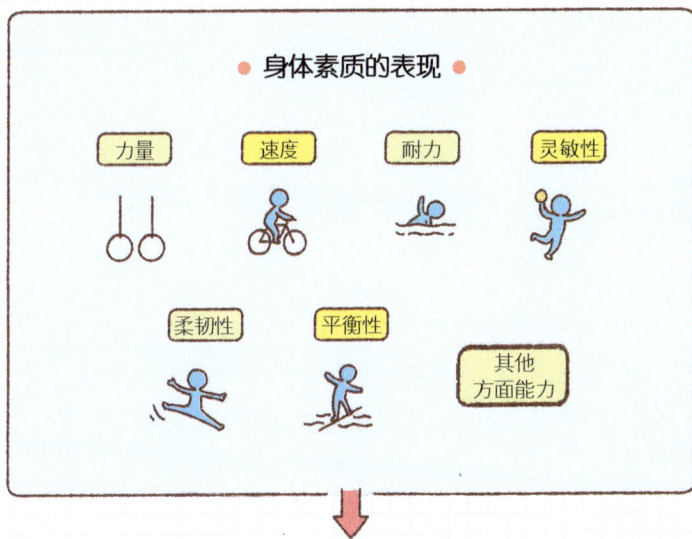

● **身体素质的表现** ●

力量	速度	耐力	灵敏性

柔韧性	平衡性	其他方面能力

身体健康的表现,掌握运动技能的基础,有助于持续进行锻炼

A

不是。儿童青少年的身体发育不成熟，身体素质与运动技能的发展受到发育水平的限制。而大多数运动项目对运动技能和身体素质是有一定要求的。因此，运动项目的学习并不是越早开始越好。

身体素质的发育存在敏感期，即在某些阶段，其提升速度最快。这表明，身体素质可以在特定时间内通过合适的锻炼得到最好的提升；反之，如果个体在敏感期内没有进行相应的锻炼，会错过身体素质的最佳提升期，在这之后进行锻炼，效果会大打折扣。

儿童青少年的身体素质按敏感期大概的先后顺序排列，依次为：

1. 柔韧性（5~9岁）；

2. 灵敏性（6~12岁）；

3. 反应速度（女孩为6~8岁，男孩为7~9岁）；

4. 爆发力（女孩为7~13岁，男孩为5~8岁、11~14岁）；

5. 位移速度（女孩为11~13岁，男孩为12~15岁）；

6. 最大力量（女孩为11~15岁，男孩为12~16岁）；

7. 有氧耐力（12~14岁）；

8. 无氧耐力（13~16岁）。

需要注意的是，身体素质的发展存在较大的个体差异。

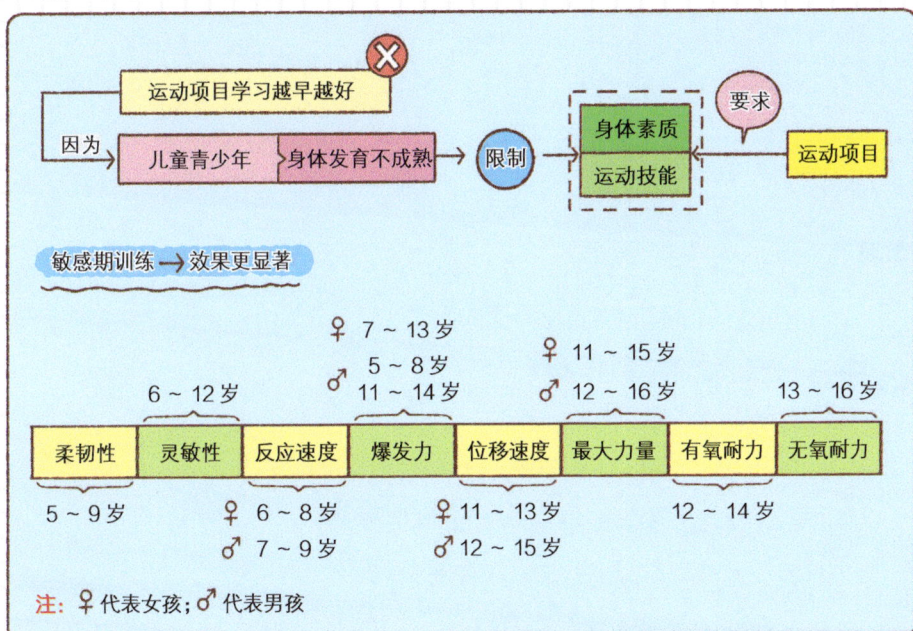

运动项目学习越早越好 ✗

因为 儿童青少年 → 身体发育不成熟 → 限制 → 身体素质 / 运动技能 → 要求 → 运动项目

敏感期训练 → 效果更显著

♀ 7 ~ 13 岁
♂ 5 ~ 8 岁
♂ 11 ~ 14 岁
♀ 11 ~ 15 岁
♂ 12 ~ 16 岁
6 ~ 12 岁
13 ~ 16 岁

| 柔韧性 | 灵敏性 | 反应速度 | 爆发力 | 位移速度 | 最大力量 | 有氧耐力 | 无氧耐力 |

5 ~ 9 岁
♀ 6 ~ 8 岁
♂ 7 ~ 9 岁
♀ 11 ~ 13 岁
♂ 12 ~ 15 岁
12 ~ 14 岁

注：♀代表女孩；♂代表男孩

Q5 | 科学健身应遵循什么原则?

A

科学健身应遵循"FITT原则"。FITT指频度（Frequency）、强度（Intensity）、时间(Time)和类型（Type）。

1. 频度（Frequency）

指每周锻炼的次数。儿童青少年每周应该进行5~7次体育锻炼。

2. 强度（Intensity）

指身体承受的外部刺激引起的内部反应的程度，通常以最大心率百分数（HRmax%）表示（最大心率=220-年龄）。

①极量强度：大于最大心率的90%；

②亚极量强度（大强度）：最大心率的80%（含）~90%（含）；

③中等强度：最大心率的60%（含）~80%（不含）；

④小强度：小于最大心率的60%。

❗ 有氧运动时，心率控制为最大心率的65%～80%为宜。

3. 时间（Time）

指每次锻炼的时间。为了提高心肺能力，儿童青少年每天应至少锻炼60分钟，

其中包括至少 10 分钟的大强度锻炼。

4. 类型（Type）

指参与运动的类型。不同类型的运动会产生不同的锻炼效果。每周应对身体每个主要部位进行 2~3 次的力量、速度、柔韧性、平衡性、灵敏性和协调性锻炼。

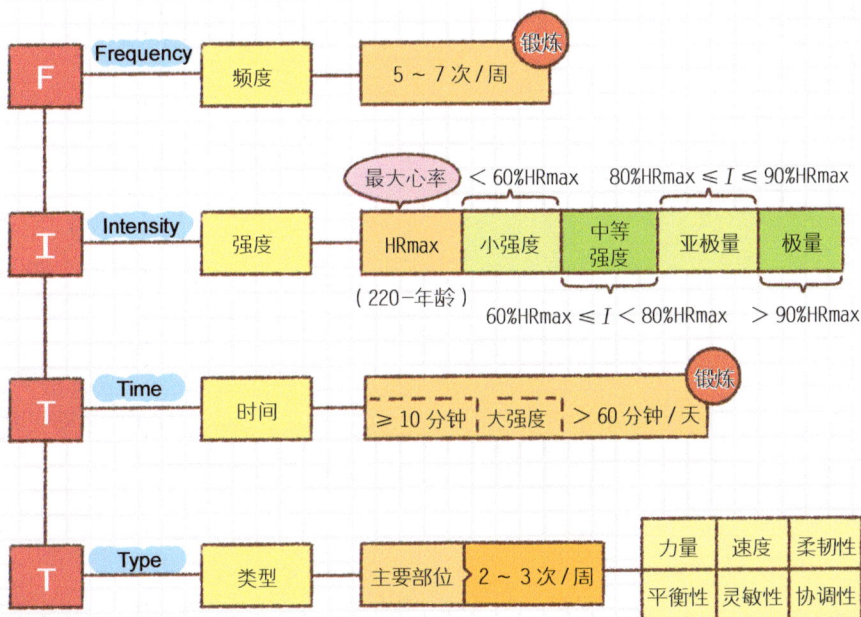

F	Frequency	频度	5～7 次/周 （锻炼）		

最大心率 ＜60%HRmax   80%HRmax ≤ I ≤ 90%HRmax

I	Intensity	强度	HRmax	小强度	中等强度	亚极量	极量

（220-年龄）   60%HRmax ≤ I ＜80%HRmax   ＞90%HRmax

T	Time	时间	≥10 分钟 大强度 ＞60 分钟/天 （锻炼）		

T	Type	类型	主要部位 2～3 次/周	力量 速度 柔韧性 平衡性 灵敏性 协调性

Q6 经常参加体育锻炼会不会影响学习？

A

不会。传统观念认为体育锻炼会耽误学习，然而大量研究表明，体质好的学生的阅读能力、逻辑能力高于体质差的学生。美国大学生体育协会关于大学生毕业率的统计显示，体育特长生的毕业率高于普通大学生。研究表明，大脑连续思考2小时后，被动休息至少需要20分钟才能消除疲劳，而主动锻炼只需要5分钟就能消除疲劳。这说明，体育锻炼确实能使大脑的紧张状态得到缓解，从而有助于提高学习效率。

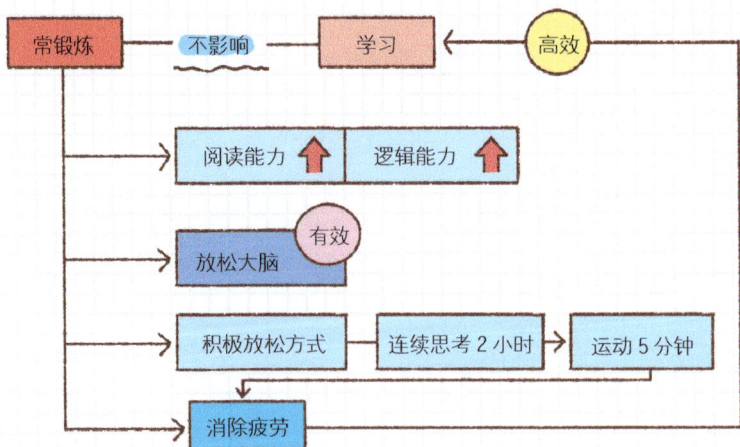

Q7 | 如果身体状况很好，是不是不用参加体育锻炼？

A

不是。现在身体状况很好不代表以后会一直很好。据估算，目前在全球范围内，每年缺乏体育锻炼的致死率高达6％，仅次于高血压（13％）和吸烟（9％）。缺乏体育锻炼会使人的体质水平下降，间接促进慢性病的形成，不仅缩短预期寿命，还在很大程度上降低了生活质量，使幸福指数下降。坚持体育锻炼不仅可以强化身体素质，增强心肺功能，促进骨骼和肌肉的健康发育，预防心血管疾病的发生，还可以排解生活中的压力，促进心理健康，可谓一举多得。

缺乏 体育锻炼　VS　**坚持** 体育锻炼

缺乏体育锻炼		坚持体育锻炼
✖ 体质水平下降	体质水平	⭕ 体质水平提升
✖ 降低生活质量	生活质量	⭕ 提高生活质量
✖ 间接促进慢性病的形成，缩短预期寿命	身体素质	⭕ 增强心肺功能，促进健康发育
✖ 降低幸福指数	心理健康	⭕ 排解压力

Q8 | 每天都上体育课，是不是不用再参加其他体育锻炼了？

A

　　不是。学校体育课是儿童青少年体育锻炼的重要环节，但绝不是唯一环节。体育课上，学生不仅要进行体育锻炼，还要学习运动技能及进行各种素质测试，其实际参加锻炼的时间和强度并不能达到健康成长所需的水平。另外，青春期学生的发育有快有慢，而体育课上的学生较多，老师难以进行个性化和精准化的指导，也难以保证体育课的课时数量与课堂质量。这些问题都需要通过课外体育锻炼来解决。

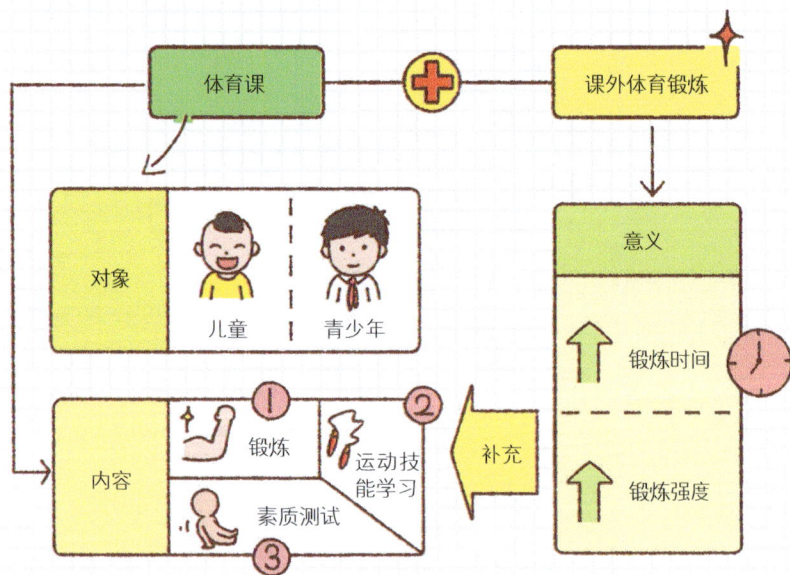

Q9 很多时候空气污染严重，甚至有雾霾，还能进行锻炼吗？

A

可以选择性地进行锻炼。需要注意雾霾严重程度及运动场所与运动类型的选择。在空气质量较差的情况下，进行户外锻炼可能对呼吸功能等造成永久性损伤。因此，需要随时关注空气质量情况，在此基础上选择不同的运动场所及运动类型进行锻炼。

● 不同空气质量情况下运动场所及运动类型的选择方法 ●

空气质量中等

可进行户外锻炼，但体质较弱、易过敏或处于疾病初愈期等的敏感人群要密切注意身体反应，一旦有不良感觉就应立刻停止户外锻炼。

轻度污染

减少户外锻炼，转移至室内进行锻炼。

中度、重度污染

避免户外锻炼，以不会引起呼吸及心跳剧烈加快的室内锻炼为主（如平衡性、柔韧性与灵敏性练习等），甚至可不进行锻炼。此外，如果进行室内锻炼，应延长每组练习之间的休息时间，使心率提升、呼吸加快的程度均较小，以减少具有污染性的空气的摄入。

Q10 | 室内运动好还是室外运动好?

A

室内运动与室外运动各有益处。

室外运动对于儿童青少年的健康成长十分重要。这是因为阳光的刺激对儿童青少年的生长发育来说是必不可少的,在这一方面,任何室内灯光都无法与阳光相比。例如:阳光照射不足是导致视力发育不良的重要因素之一;阳光照射可促进维生素 D(VD)在人体内的合成,而维生素

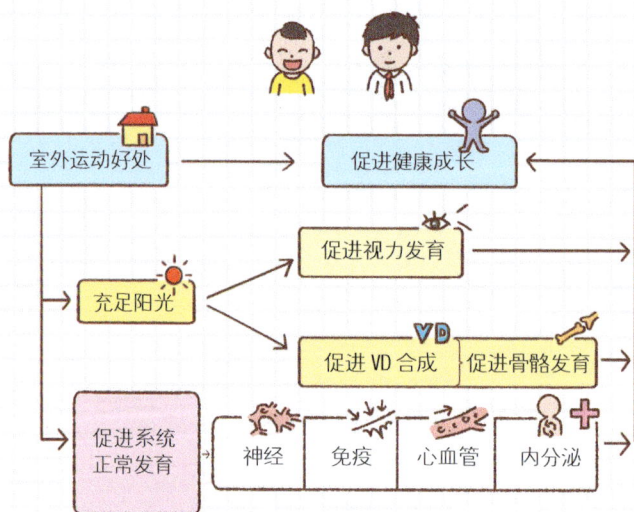

室外运动好处 → 促进健康成长

充足阳光 → 促进视力发育

充足阳光 → 促进 VD 合成 → 促进骨骼发育

促进系统正常发育 | 神经 | 免疫 | 心血管 | 内分泌

D是儿童青少年骨骼发育所不可或缺的物质。除此之外，室外活动对于儿童青少年神经系统、免疫系统、心血管系统和内分泌系统的正常发育有着不可替代的作用。因此，要鼓励儿童青少年多到户外阳光下运动。但是，当室外环境不适合儿童青少年进行锻炼时（酷暑、严寒、空气污染严重和花粉大量散播等），更加稳定、可控的室内环境则是儿童青少年进行体育锻炼的合适选择。

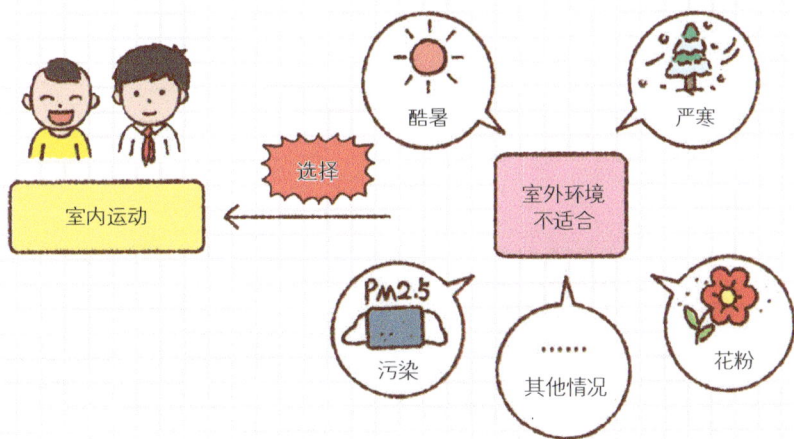

A

第一类：生活中的运动。

每天进行数次锻炼，时间累计超过 30 分钟，强度适中。

这类运动主要包括走路、爬楼梯、骑车上班、进行园艺活动、做家务、逛街和购物等。

第二类：伸展运动。

每周进行 5~7 次锻炼，每次练习 6~10 个动作，每个动作持续 30 秒，强度为伸展至有拉紧感。

这类运动主要包括瑜伽和拉伸等。

第三类：有氧运动和休闲运动。

每周进行 3~5 次锻炼，每次锻炼时间超过 30 分钟，强度为中等偏高。

有氧运动主要包括慢跑、骑自行车、游泳、登山、有氧舞蹈和健身操等；休闲运动主要包括网球、篮球和高尔夫等球类运动。

第四类：肌肉力量运动。

每周进行 2~3 次锻炼，每次进行 1~3 组训练，每组训练包括 8~12 个

动作，强度略超过肌肉负荷。

这类运动主要包括仰卧起坐、俯卧撑和弹力带练习等。

第五类：静态活动。

持续时间不应超过 60 分钟。

这类活动主要包括看电视、玩计算机和学习等。

● 运动金字塔 ●

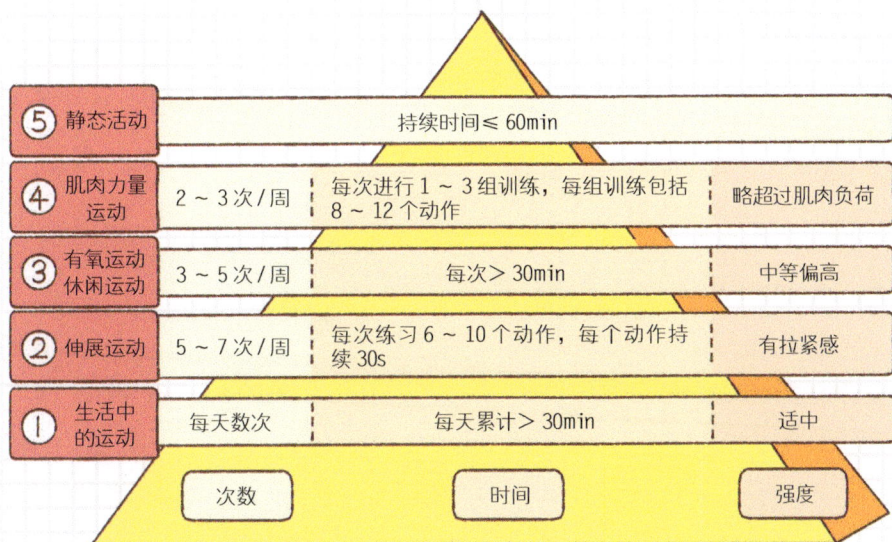

⑤	静态活动	持续时间 ≤ 60min		
④	肌肉力量运动	2～3次/周	每次进行 1～3 组训练，每组训练包括 8～12 个动作	略超过肌肉负荷
③	有氧运动休闲运动	3～5次/周	每次 > 30min	中等偏高
②	伸展运动	5～7次/周	每次练习 6～10 个动作，每个动作持续 30s	有拉紧感
①	生活中的运动	每天数次	每天累计 > 30min	适中
		次数	时间	强度

Q12 | 什么是热身运动？

A

　　热身运动指在进行身体锻炼之前进行的强度较小的准备活动。当人体处于安静状态时，与运动有关的呼吸系统、心血管系统、神经系统和肌肉骨骼系统等的工作效率均处在一个较低的水平，而热身运动可进一步激活这些系统，使身体做好锻炼准备，让锻炼更加安全和有效。热身运动应在锻炼前 20~30 分钟进行，持续时间以超过 10 分钟为佳，强度以微微出汗但不感到疲劳为宜。在做热身运动时，需尽量保证全身各个关节都参与其中，并且心跳略快于安静状态下的心跳。

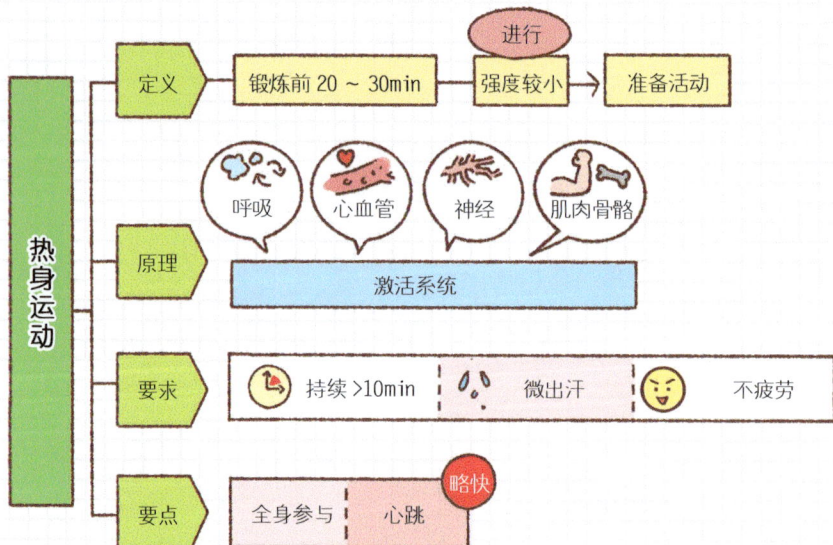

Q13 儿童青少年为什么容易发生运动损伤?

A

　　儿童青少年是运动损伤多发的群体，这主要是因为他们的身体尚处于发育阶段，神经和肌肉等结构均未发育完全，力量、灵敏性、平衡性和协调性等身体素质水平较低，但他们大多活泼好动，求胜欲与冒险欲强，极有可能在锻炼时急于求成，使身体承受超负荷的压力，从而导致受伤。此外，许多儿童青少年接受的体育教育不够充分，没有养成锻炼前热身的好习惯，加上自我保护意识不强，极易发生运动损伤。

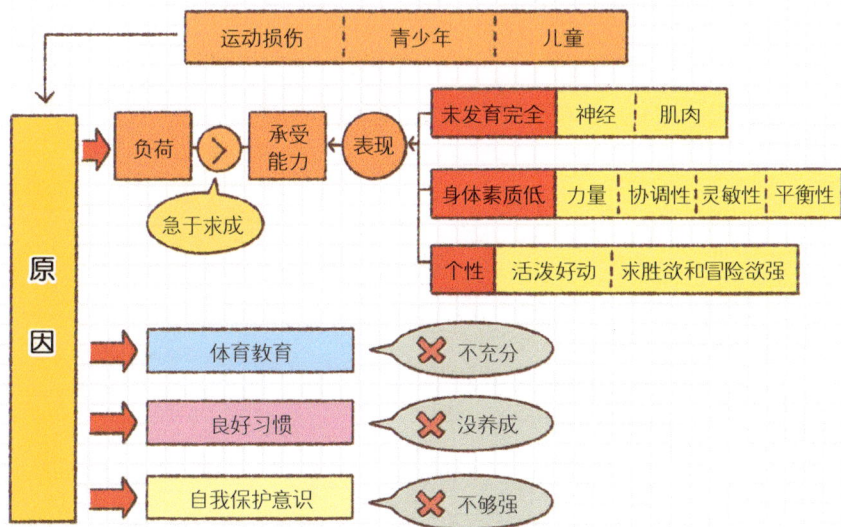

运动损伤　青少年　儿童

原因
- 负荷 ＞ 承受能力 ← 表现
  - 急于求成
  - 未发育完全：神经｜肌肉
  - 身体素质低：力量｜协调性｜灵敏性｜平衡性
  - 个性：活泼好动｜求胜欲和冒险欲强
- 体育教育 ✗ 不充分
- 良好习惯 ✗ 没养成
- 自我保护意识 ✗ 不够强

Q14 发生运动损伤时应该怎么办？

A

　　不同类型运动损伤的处理方式不同，下面介绍开放性软组织损伤、闭合性软组织损伤和骨折三种非常常见的运动损伤的科学处理方式。

　　开放性软组织损伤是指损伤部位皮肤黏膜受损的软组织损伤。常见的开放性软组织损伤有擦伤、切伤和刺伤等。刺伤的创面较小、较深，不利于伤口的通风，应该特别注意对破伤风的预防。一般开放性软组织损伤以局部治疗为主，基本处理方式包括止血、清创、修复组织器官与限制患处运动等。

　　闭合性软组织损伤是指损伤部位皮肤黏膜完好而内部软组织受损的损伤。常见的闭合性软组织损伤有肌肉拉伤、挫伤、关节扭伤和腱鞘炎等。急性期内切忌对损伤部位进行热敷，应在伤后 24~72 小时内止血、防肿和镇痛，基本处理方式为限制患处移动、冷疗、加压包扎和抬高伤肢等。急性期后需减轻损伤部位的瘀血、加快其血液循环和组织再生，基本处理办法包括热敷、按摩和佩戴护具等。

　　患者骨折时，应注意保护断端的完整性，在移动患者前应对患处进行适当的固定，减少因断端移动造成的二次损伤。如果是开放性骨折，还需对肢体的近心端进行加压包扎，以减少出血。后续需长期对患肢进行固定以促进断骨愈合，受伤部位的肌肉则会由于缺少运动而逐渐萎缩，因此骨折患者在康复后需针对受伤部位的肌肉进行专门的训练，以促进

其恢复，防止因肌肉力量不足而造成其他损伤。

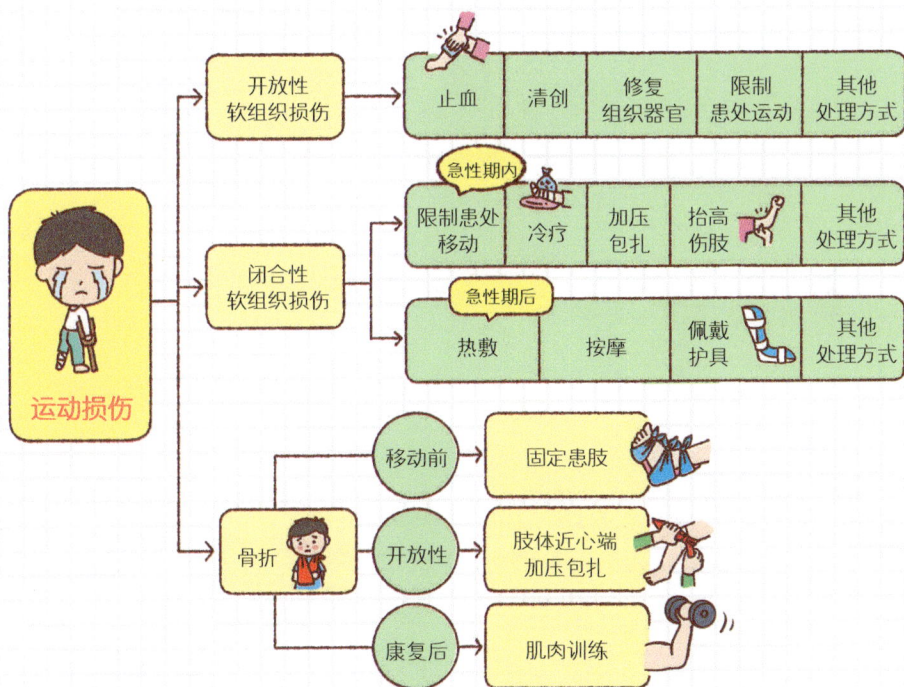

运动损伤	开放性软组织损伤		止血	清创	修复组织器官	限制患处运动	其他处理方式

闭合性软组织损伤

急性期内

限制患处移动	冷疗	加压包扎	抬高伤肢	其他处理方式

急性期后

热敷	按摩	佩戴护具	其他处理方式

骨折

移动前	固定患肢
开放性	肢体近心端加压包扎
康复后	肌肉训练

A

　　运动损伤的类型多种多样：按照伤后病程的阶段性，可被分为急性损伤和慢性损伤；按照损伤后皮肤是否完好，可被分为开放性损伤和闭合性损伤；按照受伤的组织结构，可被分为肌肉与肌腱损伤、皮肤损伤、关节或骨损伤、滑囊损伤和神经损伤等。常见的运动损伤有皮肤擦伤、关节扭伤、肌肉拉伤或挫伤、腱鞘炎和骨折等。

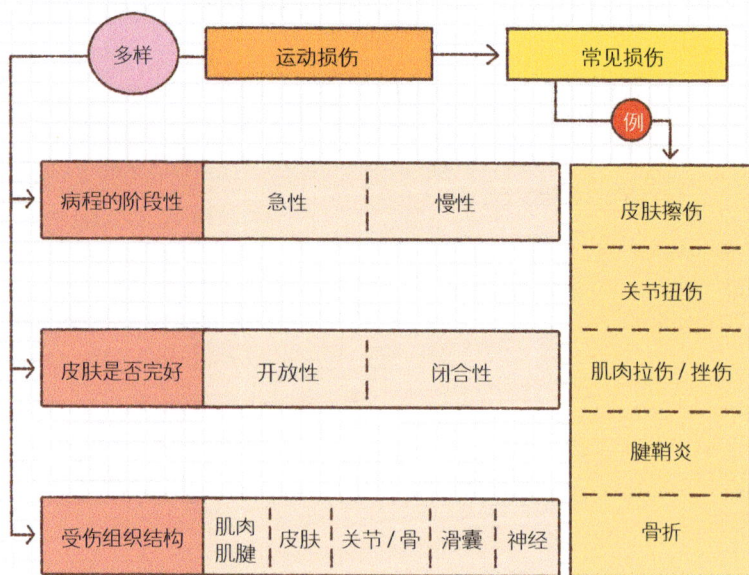

A

　　第一，平衡练习是预防运动损伤的重要手段。平衡能力是身体综合素质的体现，平衡能力不足会导致姿势异常和运动发展迟缓，易引发运动损伤。第二，对关节周围的肌肉进行针对性的力量练习，有保护关节的作用。第三，在运动中及时补充能量，使血糖水平相对平稳，可避免由于血糖水平降低而导致的中枢神经系统功能下降，从而进一步避免注意力不集中和动作变形，有效预防运动损伤。

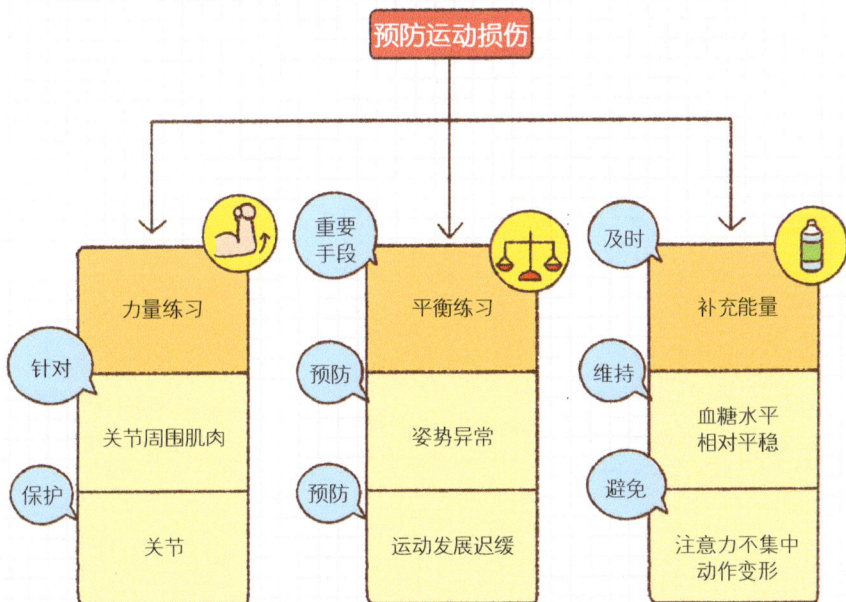

预防运动损伤

力量练习	平衡练习	补充能量
针对 关节周围肌肉	预防 姿势异常	维持 血糖水平相对平稳
保护 关节	预防 运动发展迟缓	避免 注意力不集中动作变形

重要手段

及时

A

　　运动中会流失水分和电解质，消耗大量的能量物质，因此在运动前需保证人体储备了充足的水分与能量物质。理想的运动时间应为进餐后2小时左右，这时人的血糖水平比较稳定，适合进行体育锻炼。

　　运动中补水需注意频率与一次补给的量，遵循"少量多次"的原则。一次补给的量以100毫升为宜，频率可以控制为15~25分钟补充一次。需要注意的是，一次补给的量不宜过多。运动时，过多的水分储存在消化道内会使身体产生不适感。运动中补给的水的温度以10~15摄氏度为宜，太冷或太热都会刺激肠胃，使身体产生不适感。

　　运动后要根据运动中流失水分的量和消耗的能量进行针对性补充，主要补充碳水化合物、优质蛋白、矿物质、维生素、微量元素和水分，不宜过多补充油脂类。

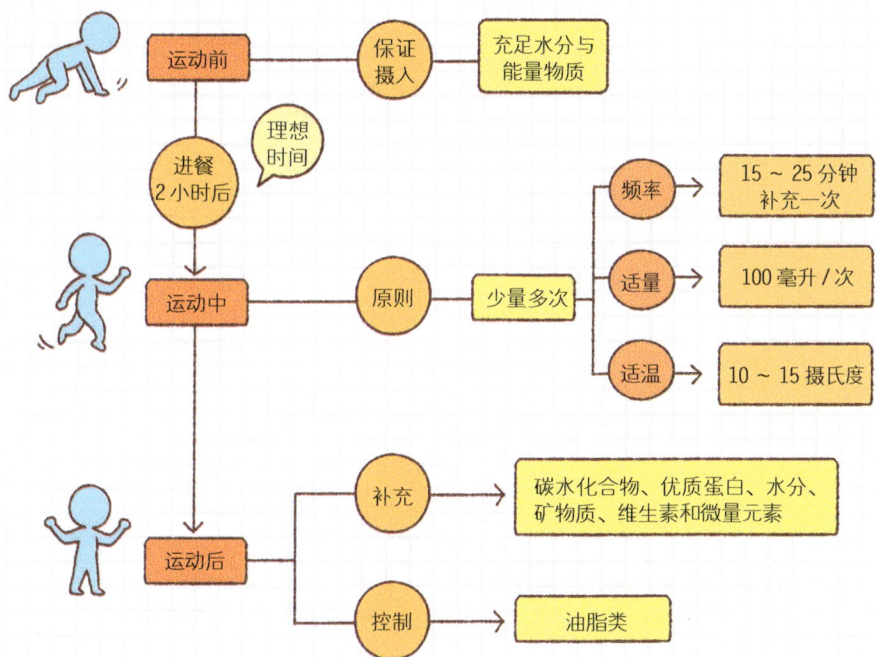

			频率	15～25分钟补充一次
运动前	保证摄入	充足水分与能量物质	适量	100毫升/次
运动中	原则	少量多次	适温	10～15摄氏度

进餐2小时后 — 理想时间

运动后 — 补充 → 碳水化合物、优质蛋白、水分、矿物质、维生素和微量元素

运动后 — 控制 → 油脂类

A

不是。运动后需要对运动中消耗的物质进行合理的补充，但并不是吃得越多越好。人体在运动中会消耗大量的能量物质，流失水分与电解质，运动后应该针对这些物质进行补充。因此，运动后的膳食要保证适量的碳水化合物的摄入，以促进糖原的重新合成；要保证适量的蛋白质的摄入，以确保肌肉的合成和正常生长；要控制脂肪的摄入，以必需脂肪酸含量较多的植物性脂肪和鱼类脂肪为宜；要保证维生素、膳食纤维及矿物质的摄入，控制食盐的摄入。

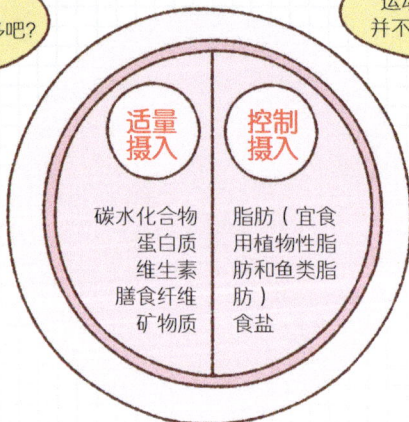

我运动多，所以就应该吃得多吧？

运动后要合理补充，并不是吃得越多越好。

适量摄入：碳水化合物、蛋白质、维生素、膳食纤维、矿物质

控制摄入：脂肪（宜食用植物性脂肪和鱼类脂肪）、食盐

Q19 | 什么是运动营养食品？儿童青少年可以吃吗？

A

运动营养食品是一类为满足运动人群对生理代谢状态、运动能力及某些营养成分的特殊需求而专门加工的食品，按特征营养素可分为补充能量类、控制能量类和补充蛋白质类，按针对不同运动项目的特殊需求可分为速度力量类、耐力类和运动后恢复类。儿童青少年正处于生长发育的过程中，不宜长期食用运动营养食品，他们的日常营养补充应以膳食营养为主，偶尔辅以糖类和维生素类。

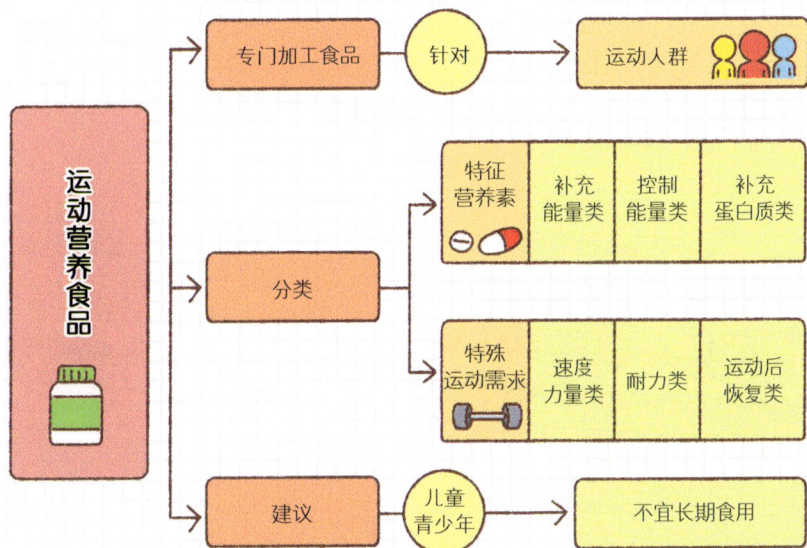

```
运动营养食品 ──┬── 专门加工食品 ── 针对 ── 运动人群
              │
              ├── 分类 ──┬── 特征营养素 ── 补充能量类 | 控制能量类 | 补充蛋白质类
              │         └── 特殊运动需求 ── 速度力量类 | 耐力类 | 运动后恢复类
              │
              └── 建议 ── 儿童青少年 ── 不宜长期食用
```

A

　　不是。运动饮料是一种能为机体补充水分、电解质与能量且可被人体迅速吸收的饮料。运动饮料的特点是含有与人体血液内浓度相近的钠离子、钾离子与氯离子，而这些电解质离子是运动中通过汗液流失最多的离子。由于运动饮料的离子渗透压与人体血液比较接近，运动饮料可以被人体快速地吸收并在人体中保存较长的时间，从而有效防止人体在运动中可能出现的脱水与电解质紊乱问题。

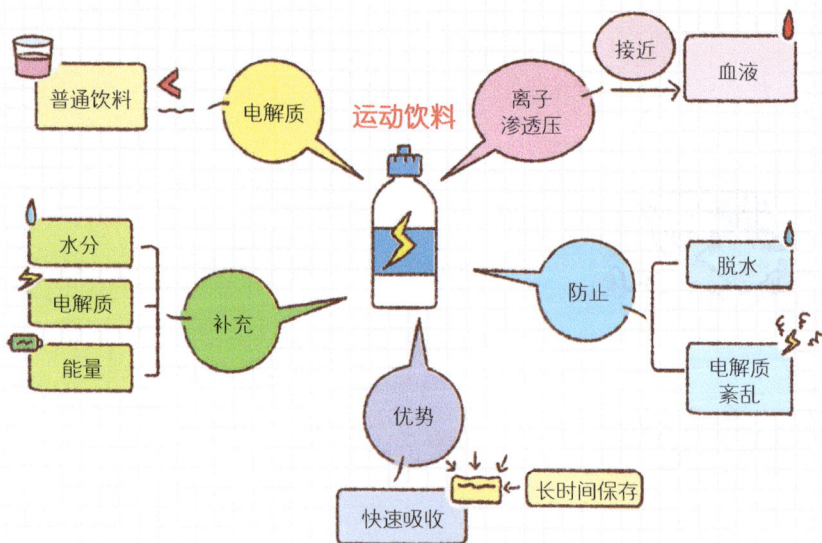

第 **2** 章

儿童青少年
运动减脂科普问答

多数儿童青少年喜爱食用一些高热量的食品，却又缺乏运动，导致我国儿童青少年肥胖发病率直线上升。肥胖不仅给儿童青少年带来了巨大的身体及心理压力，最终也会不利于社会和国家的发展。如何科学地进行运动减脂，是帮助儿童青少年健康地瘦下来的关键。

Q1 | 肥胖是因为吃得多吗？

A

　　肥胖不完全是因为吃得多。我们通常所说的肥胖指单纯性肥胖，主要特征是体内的脂肪量异常大、体重超过标准体重过多。肥胖是遗传和环境因素共同作用的结果，其中，能量摄入大于能量消耗是肥胖形成的主因，即"吃得多"但"动得少"。儿童青少年的学习任务较重，长期"静坐少动"，身体活动量严重不足。此外，儿童青少年自制力较差，易养成一些不健康的饮食和生活习惯，这些都是肥胖的潜在诱因。

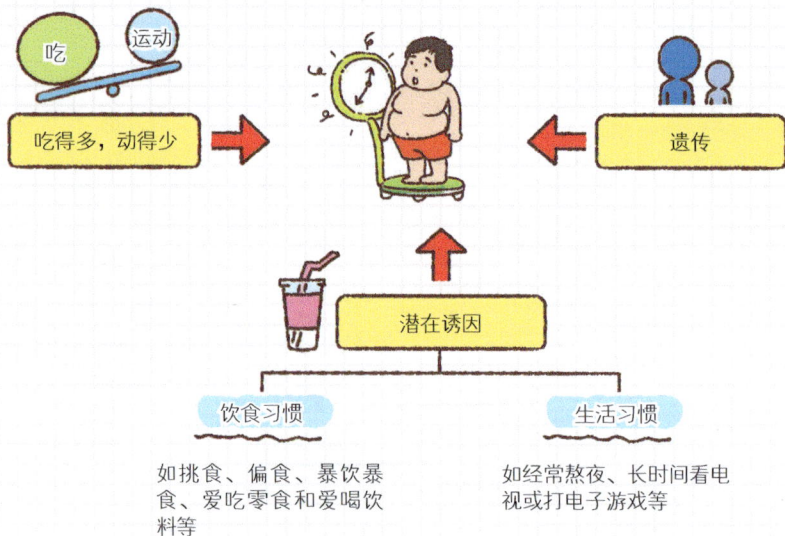

吃　运动

吃得多，动得少　➡　⬅　遗传

潜在诱因

饮食习惯　　　　　生活习惯

如挑食、偏食、暴饮暴食、爱吃零食和爱喝饮料等　　　如经常熬夜、长时间看电视或打电子游戏等

Q2 | 小时候胖点儿没事，一长个儿就瘦了，对吗？

A

这种说法不完全正确。青少年在进入青春期时会经历一个快速生长的阶段，在各种激素（尤其是生长激素）促进身体生长发育的同时，人体的基础代谢率也会提高，每天需要摄入更多能量来维持正常的生命活动。这时如果合理控制饮食并积极进行科学的体育锻炼，是可以慢慢瘦下来的；但如果仍旧缺乏体育锻炼且拥有不良的饮食习惯，随着年龄的增加，青春期的孩子即使长高了，也不会变瘦，甚至会更胖，还可能会导致成年期的肥胖。

青春期
控制饮食
科学锻炼

青春期
不良饮食
缺乏锻炼

儿童期 "肥胖"

瘦身之道

肥胖加剧

Q3 | 你身边的"小胖墩儿"多吗?

A

从统计数据来看,我们身边的"小胖墩儿"越来越多了。自 1985 年开始,我国每隔几年就会对全国学生的体质与健康水平进行一次调研。《2014 年中国学生体质与健康调研报告》显示,各年龄段学生的肥胖检出率持续上升。

● 《2014 年中国学生体质与健康调研报告》肥胖检出率数据 ●

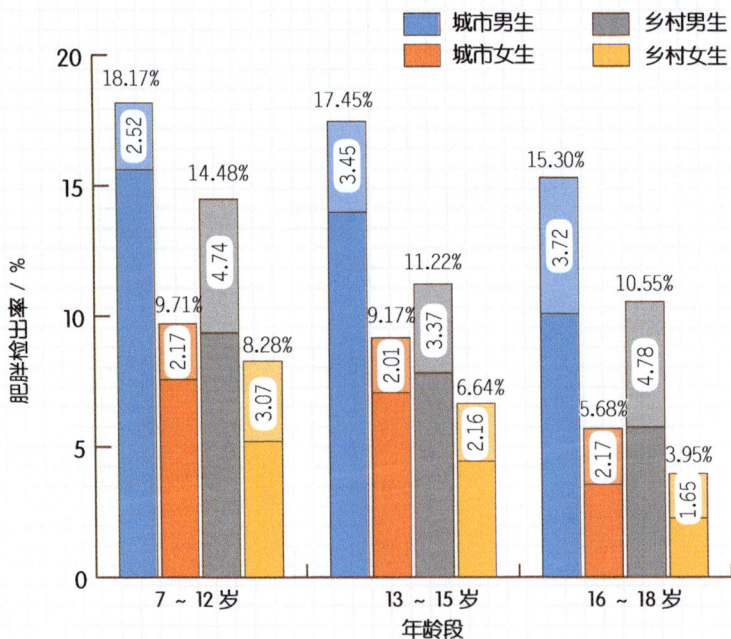

柱形图浅色部分为2014年肥胖检出率相对2010年数据增长的百分点,如2014年7~12岁城市男生的肥胖检出率为18.17%,相对2010年增长了2.52个百分点。

A

儿童青少年时期的肥胖会显著地影响人体正常的生长发育。肥胖儿童青少年的体重过高,会增加身体的负担,易出现脊柱和椎间软骨损害、膝内扣等症状;肥胖还会引起内分泌紊乱,尤其影响性激素的合成及分泌,导致青春期无法正常启动,进而影响性器官的正常发育。

● 儿童青少年时期的肥胖影响人体正常生长发育

内分泌紊乱

青春期启动失常

身体负担增加

影响性器官正常发育

影响性激素合成及分泌

A

　　首先，肥胖会增加患慢性病的风险。脂肪的过度堆积会影响人体正常的新陈代谢，引发代谢综合征，包括高血压、高脂血症和高血糖等。这些本该在成年人中才会出现的慢性病在低年龄段发生会造成更严重的危害。

　　其次，肥胖会影响心理健康及社会适应能力。肥胖者通常体重较大，行动迟缓，动作不协调，在集体活动中容易受到排斥，这会严重影响儿童青少年的心理健康，导致其社会适应能力较低。

● 肥胖潜在危害 ●

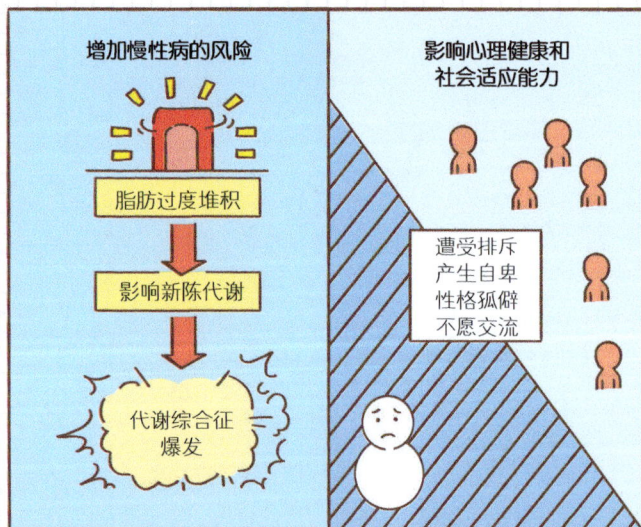

Q6 肥胖可以预防吗？

A

　　单纯性肥胖是可以通过科学合理的手段进行预防的。首先，要合理膳食。儿童青少年应主动学习营养知识，做到合理搭配、营养均衡，纠正挑食和偏食等不良饮食习惯，少吃高脂、高糖和油炸类食物，尽量不喝含糖饮料和碳酸饮料。其次，要积极运动。儿童青少年应学习并掌握1~2项运动技能，每天进行30~60分钟的中高强度身体活动（以有氧运动为主），每周保证至少3次的高强度体力活动。最后，要减少久坐行为，每隔半小时左右起身活动一小会儿。这是因为长时间静坐不利于儿童青少年肌肉、骨骼与心血管系统的健康，也不利于其能量的消耗。

吃高脂、高糖和油炸类食物

积极运动

久坐不动

Q7 导致儿童青少年肥胖的原因有哪些?

A

1. 遗传因素

肥胖是可以遗传的,与肥胖有关的基因多达上百种,如果父母有肥胖的症状,那么子女肥胖的概率相对较高。

2. 饮食因素

儿童青少年缺乏营养知识和自制力,通常会选择口感较好的高脂、高糖食物,且喜欢吃零食,这些不健康的饮食习惯一方面会导致营养不均衡,另一方面会造成能量过剩,进而导致肥胖。

3. 运动因素

儿童青少年学习压力较大,长时间地使用电子产品,且在学习和日常生活中存在久坐问题。另外,他们缺乏必要的科学健身意识和知识,没有养成规律锻炼的习惯,体力活动不足,导致能量过剩。

4. 心理因素

儿童青少年心理较为敏感,情绪波动大,在受到外界环境的刺激时,心理状态和生理平衡容易失调。这时,一部分儿童青少年会通过进食来排解自己的负面

情绪，而进食过多易引发肥胖。

5. 睡眠因素

儿童青少年每天应保证 9~10 小时的睡眠时间。缺乏睡眠会影响激素分泌及代谢调节，从而导致肥胖。

1 遗传		2 饮食	
3 运动	4 心理		5 睡眠

Q8 适合儿童青少年的减脂方式有哪些?

A

　　科学的锻炼加合理的膳食是儿童青少年减脂的有效方法。一方面,每周应选择 3~5 天进行运动,每次运动时间不短于 30 分钟,以中等强度的有氧运动为主。体重较重的孩子心肺功能较差,应合理控制运动强度和运动时间,循序渐进。同时,应在运动前、后做好热身活动和放松活动,避免运动损伤。此外,每周还应进行 3 次左右的力量训练,以增强肌肉力量,增加能量消耗。另一方面,在运动减脂的过程中,要根据每天的运动情况合理搭配饮食,在保证营养素充足的前提下减少能量摄入,拒绝各种不健康的零食。

1　有氧运动

2　力量训练

3　合理饮食

Q9 | 饥饿减脂法可以帮助儿童青少年快速减脂吗?

A

　　盲目节食是一种错误的减脂方式。在减脂过程中,确实需要根据实际情况对每天摄取的能量进行控制,但这不代表不吃饭就能瘦下来。相反,盲目节食会对身体造成一系列的伤害:首先,日常饮食是身体所需营养素的主要来源,盲目节食会造成营养素摄入的减少,长期节食则会导致营养不良;其次,盲目节食会使大脑认为体内能量不足,在这种情况下,人体会开启"节能模式",减少能量的消耗,其后果就是肌肉量减少、静息代谢率下降,这样不仅无益于减脂,还会使脂肪更容易堆积。

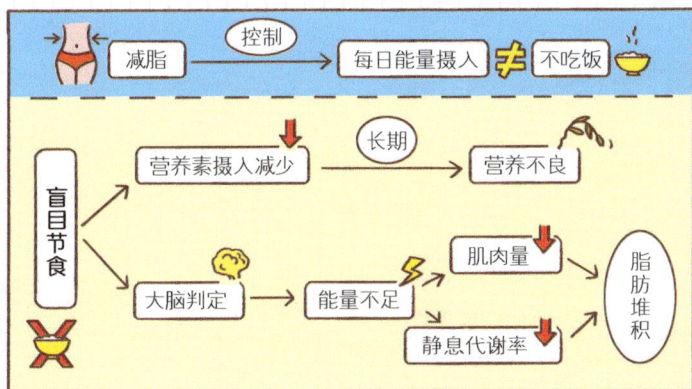

Q10 减脂时最好不吃主食，这种说法对吗？

A

这种说法是错误的。主食中含有丰富的碳水化合物，后者是人体最主要的能量来源，被消化吸收后主要以糖原的形式储存在肝脏和肌肉中。长期少吃或不吃主食易导致低血糖，使人出现心慌和头晕等症状，严重时还会危害健康，增大运动损伤的发生概率。此外，维持大脑工作的能量也主要来自于碳水化合物。如果主食摄入不足，大脑会因供能不足而无法正常运转，从而影响儿童青少年的学习和生活。再者，当不吃主食导致能量供应不足时，人体只能靠蛋白质来维持能量供应，长此以往，体内蛋白质将被大量消耗，并导致肌肉量减少。

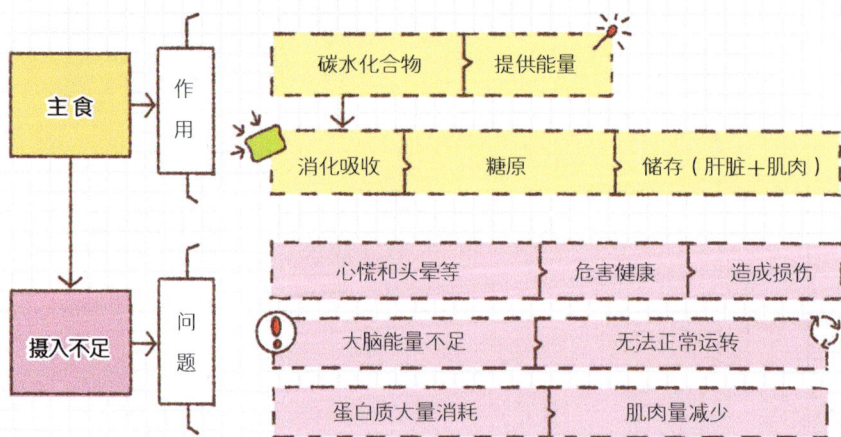

主食 → 作用：
- 碳水化合物 } 提供能量
- 消化吸收 } 糖原 } 储存（肝脏＋肌肉）

摄入不足 → 问题：
- 心慌和头晕等 } 危害健康 } 造成损伤
- 大脑能量不足 } 无法正常运转
- 蛋白质大量消耗 } 肌肉量减少

A

这种说法是错误的。脂肪也是人体所必需的营养素，可以为人体提供能量，且所含的磷脂、胆固醇和脂肪酸等是构建体内细胞的主要成分。完全不吃含有脂肪的食品会导致营养不均衡，但也要合理地选择这类食品。鱼类及植物油的脂肪中含有较多的不饱和脂肪酸，后者在人体内有助于保持细胞膜的相对流动性，使细胞不容易被破坏，还能降低血液黏稠度，改善血液微循环。所以在减脂期间，摄入一定量的脂肪，尤其是不饱和脂肪酸含量较高的脂肪，是必要的。

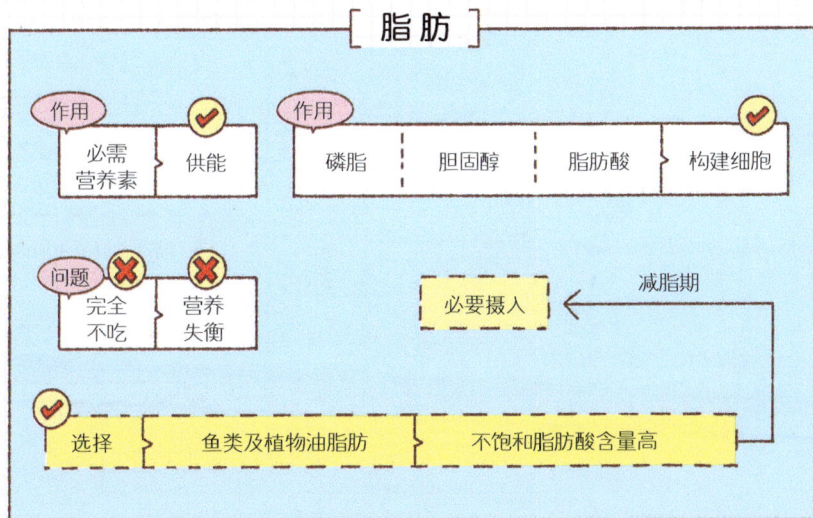

[脂 肪]

作用 ✓		
必需营养素	供能	

作用 ✓			
磷脂	胆固醇	脂肪酸	构建细胞

问题 ✗ ✗	
完全不吃	营养失衡

必要摄入 ← 减脂期

✓ 选择 〉 鱼类及植物油脂肪 〉 不饱和脂肪酸含量高

Q12 减脂时可以吃零食吗？

A

　　零食指非正餐食用的少量食物或饮料，不包括水。减脂时可以吃零食，但要选可对正餐中摄入不足的营养素进行补充的健康零食，如水果、坚果、牛奶及奶制品等。而糖果、膨化食品、烘焙类甜食、腌制及卤制食品等营养素含量非常有限，热量较高，易造成能量摄入过多，属于非健康零食，应避免选择。另外，即便选择健康零食，也要注意摄入总量。坚果类零食的脂肪含量较高，摄入过多也会造成能量过剩。同时须牢记，不能因减脂而用零食代替正餐，这样不利于健康。

零食

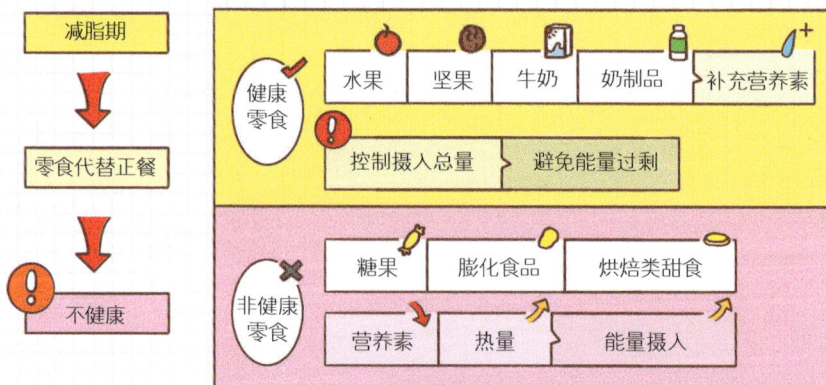

Q13 可以经常吃快餐吗？

A

　　快餐大多是油炸食品，而后者非常不健康。这是因为经过高温加热后，食用油的营养价值会降低（如维生素A、胡萝卜素、维生素E、必需脂肪酸等被破坏），还可能产生有害物质（如脂肪酸聚合物，可使机体生长停滞、肝功受损，甚至有致癌的危险）。此外，油炸食品通常含有较高的热量，长期食用会导致能量摄入过多，引起肥胖。因此，儿童青少年要尽量避免吃快餐，尤其是油炸类快餐，应尽量在家里或学校按时就餐，保证营养均衡。

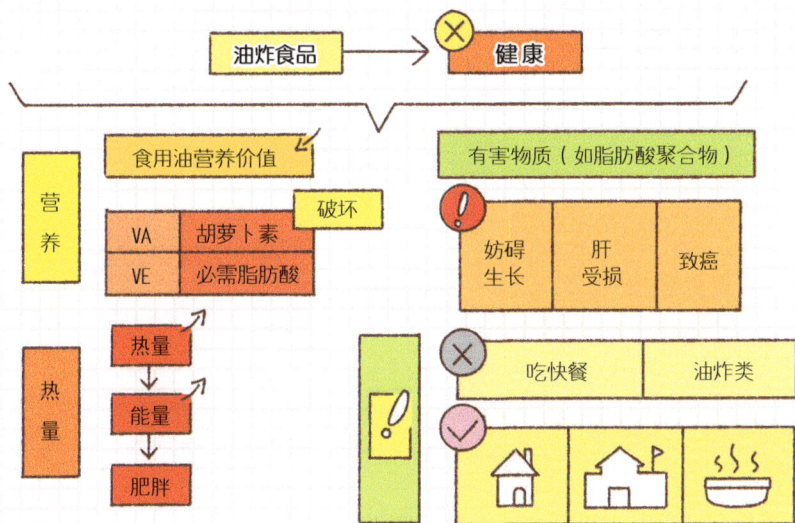

```
                  油炸食品 ───────▶ ⊗  健康

        ┌──────────────────────────┴──────────────────────────┐

        食用油营养价值                      有害物质（如脂肪酸聚合物）

  营        VA   胡萝卜素   破坏          ❗  妨碍    肝     致癌
  养                                          生长   受损
            VE   必需脂肪酸

            热量
  热          ↓                          ⊗   吃快餐        油炸类
  量        能量                          !
            ↓                          ✓   🏠    🏡    🍜
            肥胖
```

43

A

　　一份营养均衡的早餐可以保证整个上午的能量供应，所以必须注意早餐的食物选择，应以鸡蛋和牛奶等高蛋白食物为主，搭配面包和粥类等。而不吃早餐，或以简单的零食代替早餐，会导致多种营养素的摄入量不足，进而影响生长发育。

　　午餐则是整个下午的能量"供应站"，应注意摄入足量的食物，否则下午的学习和课外活动将受到影响，还可能导致晚餐时摄入过量的食物，使肠胃的负担加重，长此以往还极有可能引起肥胖。然而，一部分儿童青少年因条件限制只能在学校餐厅或校外饭馆解决午餐。在这种情况下，必须注意：绝不能因学校餐厅的饭菜不合胃口就吃得很少，这可能导致营养摄入不足，也不能在卫生条件较差的校外饭馆就餐，这可能导致疾病。

　　晚餐要适量，以减轻肠胃的负担。

　　对于三餐，建议按照约 3:4:3 的比例摄入相应的能量。

营养均衡的三餐——能量供应

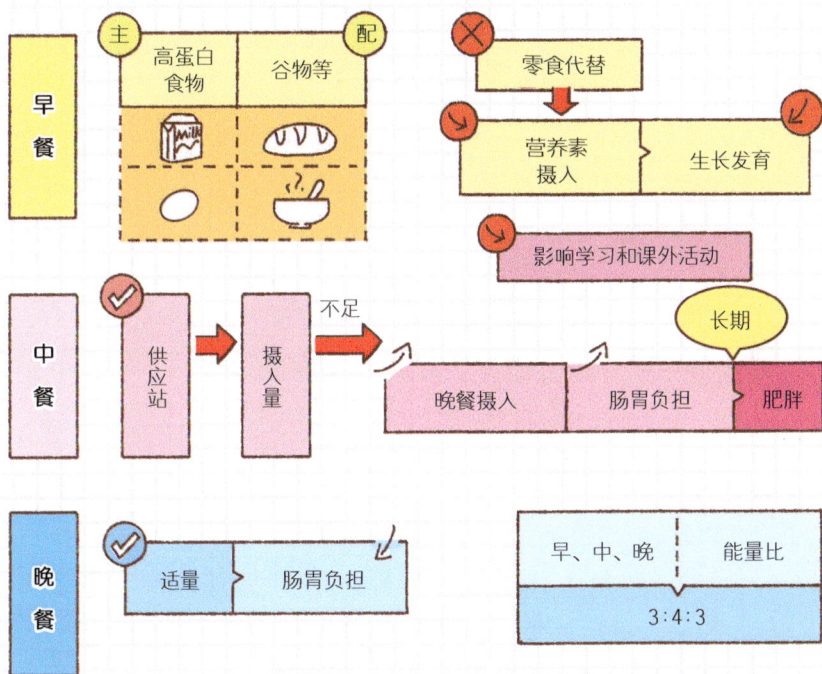

早餐	主 高蛋白食物	配 谷物等

❌ 零食代替 → 营养素摄入 ↘ 生长发育

影响学习和课外活动

中餐	✔ 供应站 → 摄入量	不足 → 晚餐摄入 → 肠胃负担 → 长期 肥胖

晚餐	✔ 适量 → 肠胃负担

早、中、晚 能量比
3:4:3

Q15 儿童青少年减脂可以使用市售的减肥产品吗？

A

对于单纯性肥胖的儿童青少年，不推荐使用任何的减肥产品；对于由疾病、药物等导致肥胖或严重肥胖的儿童青少年，建议到医院进行专业检查，然后遵医嘱使用减肥产品或药品。目前市售的减肥产品中，有的对促进脂肪消耗有一定效果，但大多数非但没有效果，还会损害身体健康。如通过促进排尿或排便达到减重目的的产品，实际上并没有消耗体内的脂肪，还会增加肝脏和肾脏的负担；而通过作用于个体的神经系统抑制食欲，达到减少能量摄入目的的产品，有严重的副作用。

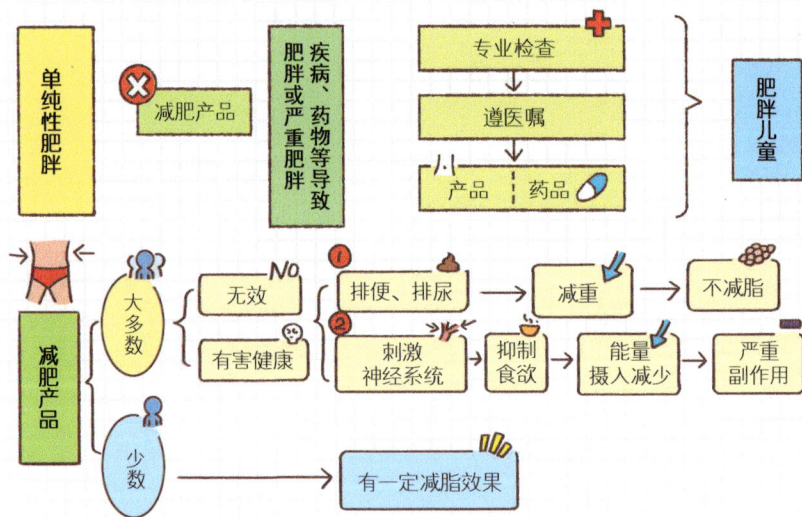

Q16 儿童青少年通过运动减脂时应该注意什么?

A

首先，选择恰当的运动类型，以有氧运动为主，力量训练为辅。每周应进行 3~5 天的有氧运动，每天的累计运动时间应超过 30 分钟。此外，在进行力量训练时，建议有成年人在旁边进行指导和保护。其次，控制好运动强度。运动强度过大，体内主要以无氧代谢供能，脂肪氧化供能少，且易发生运动损伤；运动强度过小，脂肪消耗量也会少，不利于减脂。最后，注意热身和放松活动。运动前进行热身可预防运动损伤；运动后进行放松可促进消除疲劳，使机体尽快恢复。

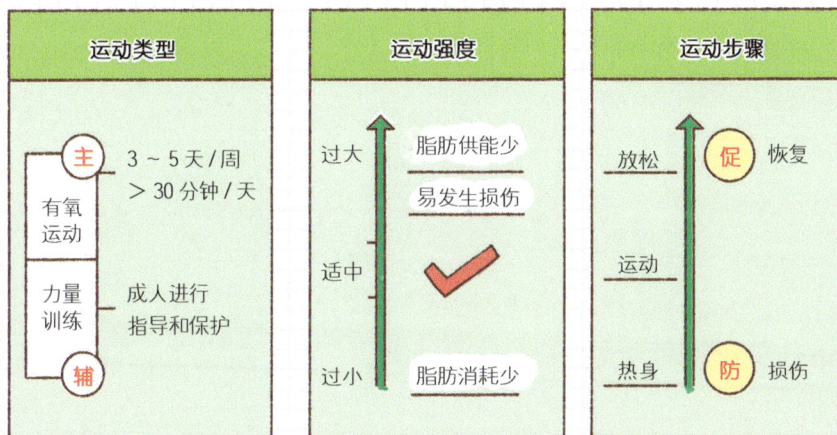

运动类型	运动强度	运动步骤
主 — 有氧运动：3~5天/周，>30分钟/天 辅 — 力量训练：成人进行指导和保护	过大：脂肪供能少，易发生损伤 适中 ✓ 过小：脂肪消耗少	放松 → 促 恢复 运动 热身 → 防 损伤

A

有氧运动是一种有效的运动减脂方式。通常，建议儿童青少年进行30~60分钟的中等强度有氧运动，如长跑、游泳和骑自行车等，这可有效消耗体内的脂肪。脂肪的供能比例会随着运动时间的延长而提高，所以一定要持续运动足够长的时间，时间太短则达不到较好的减脂效果。但运动时间也不宜过长，一旦过长，体内的蛋白质会被分解供能，这会影响肌肉的增长，同样不利于减脂。

同时，还要科学搭配其他的运动方式，如力量训练。在运动后的恢复时期，人体需要消耗比安静状态下更多的能量，这部分能量的主要来源是脂肪，而力量训练可以通过增加肌肉含量提高人体的静息代谢率，使人体在运动后消耗更多的脂肪，达到更好的减脂效果。

此外，大强度的间歇运动对于减脂来说也是不错的选择。从能量消耗的角度来看，由于运动强度较大，不仅运动时单位时间内的消耗大，而且运动后效应强，可消耗更多的脂肪。再者，大强度的间歇运动通过间歇使机体得到一定的恢复，有助于避免运动不适的发生。

有效的减脂运动方式

有氧运动	力量训练	大强度的间歇运动
科学控制运动时间，建议30~60分钟（中等强度）	增加肌肉含量，提高静息代谢率	单位时间内的能量消耗大，运动后效应强

A

　　只通过体重是否有变化来判断减脂方式是否有效的做法是错误的。人体肌肉的密度约为脂肪的密度的 1.4 倍。因此，即便在运动减脂的过程中体重没有明显变化，但体脂减少了，肌肉增加了，身体围度降低了，体形有很大改善，那么减脂也是成功的。为了准确地评估减脂效果，可以定期检测体脂率与体重指数（BMI）。体脂率指体内脂肪质量占总体重的比例，又称作体脂百分比，能够直接反映体内脂肪含量的多少。BMI 是国际上通用的用来衡量人体是否肥胖及肥胖程度的重要指标，可利用体重（单位：kg）和身高（单位：m）的数值通过公式计算得出。

肥胖程度　　　　　　　　　　　脂肪含量

超重　　　　正常

BMI ≥ 24　　18.5 ≤ BMI < 24

$$体重指数（BMI）= \frac{体重}{身高^2}$$

$$体脂率（体脂百分比）= \frac{体内脂肪质量}{总体重} \times 100\%$$

Q19 我可以只减肚子上的肥肉吗？

A

　　一些肥胖者的腹部堆积了大量的脂肪，这种肥胖被称为"中心性肥胖"。人体大部分器官位于腹部，腹部脂肪的堆积往往意味着内脏脂肪过多，而后者会诱发各种慢性病。因此，这类肥胖者中的一些人希望能够实现腹部局部减脂。但是，这是一种错误的减脂观念。大多数运动减脂的实践经验表明，脂肪的消耗是全身性的，即便是局部运动也不能减去特定部位的脂肪。虽然局部减脂不可行，但可以通过特定部位的力量训练做到局部增肌，帮助塑造良好的体形。

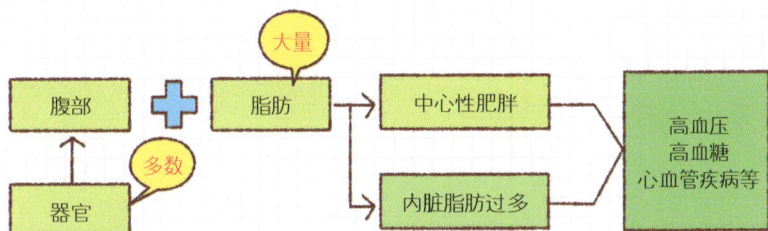

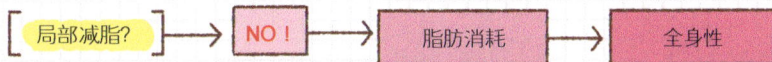

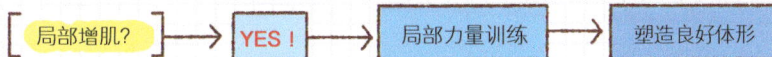

```
腹部  ➕  脂肪 [大量] ┬──→ 中心性肥胖 ──┐
 ↑                    │               ├──→ 高血压
器官 [多数]            └──→ 内脏脂肪过多 ┘     高血糖
                                            心血管疾病等

[局部减脂?] ──→ NO！ ──→ 脂肪消耗 ──→ 全身性

[局部增肌?] ──→ YES！ ──→ 局部力量训练 ──→ 塑造良好体形
```

Q20 我虽然胖，但感觉身体很好，所以不用减脂，对吗？

A

　　这种说法是错误的。肥胖会导致身体的新陈代谢出现各种不良的变化，但这种变化是缓慢的，并不会立即表现出明显的症状。体内脂肪的过度堆积或异位堆积通常会导致人体出现代谢综合征，主要症状有高血脂、高血压和高血糖等，这一系列的变化易导致心血管疾病和糖尿病等多种慢性病的发生。当身体感到明显不适时，肥胖所导致的慢性病很可能已发展到较为严重的程度。因此，无论肥胖与否，都应积极地进行体育锻炼，减轻体重或控制体重的增长，这可有效地预防各种慢性病的发生。

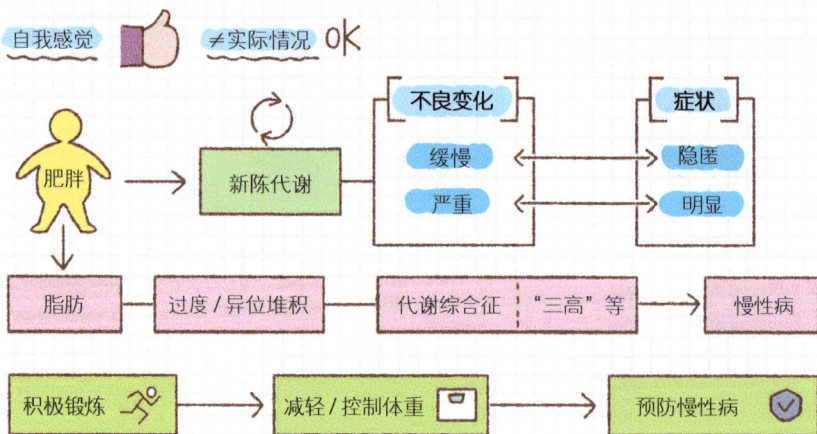

第 **3** 章

儿童青少年
近视防控科普问答

近视是眼睛的一种屈光状态。虽然不是疾病，但近视可引起许多眼部并发症，对儿童青少年的生活造成诸多不便。此外，近视不能完全恢复，只能进行科学改善和控制。因此，儿童青少年应通过科学使用电子产品、合理膳食、保证休息和积极进行体育锻炼等方式进行近视防控。

Q1 我们是怎么看清物体的?

A

　　眼睛是一个可以感知光线的器官，具有完整而精细的光学结构。外界的光线进入眼球后，经过角膜、房水、晶状体和玻璃体等一系列屈光间质的折射和调节，聚焦于视网膜上。视网膜上的光感受器将光信号转化为电信号，并将其通过视神经传递给大脑。大脑对信号进行复杂的整合和分析，使其形成大脑感觉到的外界图像。通过这一过程，我们看清了外界的事物。

● 外界物体在视网膜上的成像示意图 ●

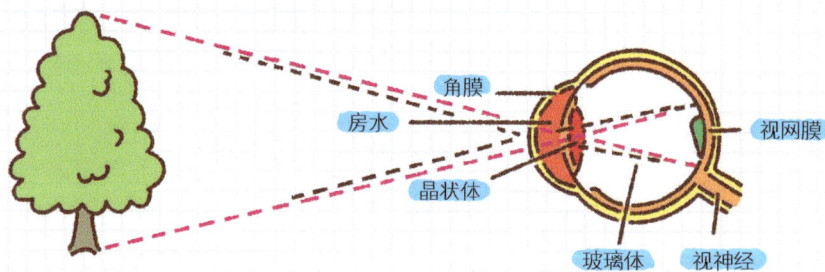

角膜
房水
晶状体
视网膜
玻璃体　视神经

A

　　2018 年，国家卫生健康委员会同教育部等部委组织开展了全国儿童青少年近视情况调查工作。结果显示，我国儿童青少年总体近视发生形势严峻：总体近视率为 53.6%，其中 6 岁儿童为 14.5%，小学生为 36.0%，初中生为 71.6%，高中生为 81.0%。

　　此外，我国低年龄段儿童青少年的近视问题比较突出。在小学和初中阶段，近视率随年级的升高快速增长。目前，我国儿童青少年的近视情况呈现近视年龄提前、近视率急剧上升、近视程度高和进展快的态势，严重影响了儿童青少年的健康成长。因此，及早预防和干预非常重要。

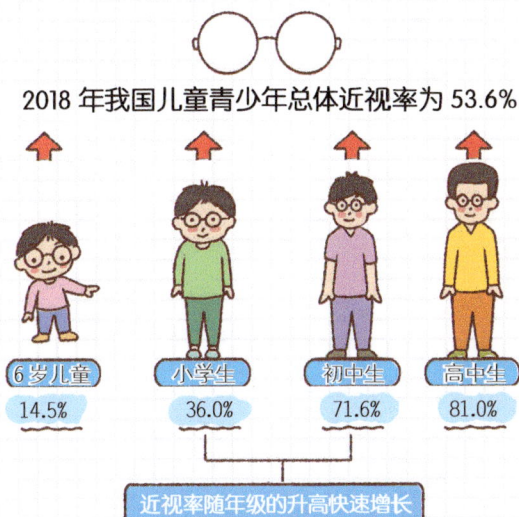

2018 年我国儿童青少年总体近视率为 53.6%

6 岁儿童	小学生	初中生	高中生
14.5%	36.0%	71.6%	81.0%

近视率随年级的升高快速增长

Q3 | 什么是近视？
近视眼是如何形成的？

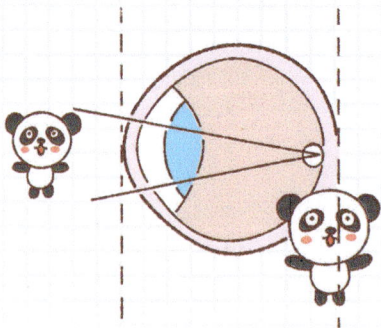

A

　　近视是指眼睛在调节松弛状态下，来自 5 米以外视标的平行光线经过眼球的屈光结构后，聚焦于视网膜的前方，在视网膜上形成弥散环，而不是清晰的图像，因此看不清远处的物体。近视者可以通过拉近距离，增加注视角度，使视网膜上的物像放大而看清近距离的物体。

正常眼　　　　　　　　　　　　　　　近视眼

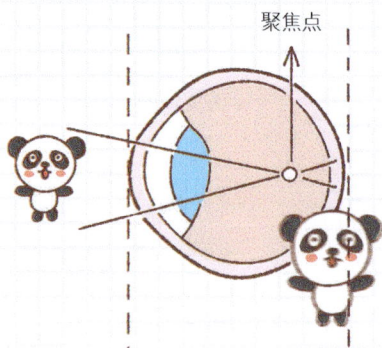

聚焦点

　　环境因素和遗传因素是引起近视的两大主要因素，其中环境因素影响较大。多数近视的发展与眼球发育阶段的视近过度相关，且主要集中在学龄期。学龄期是儿童青少年高强度用眼的阶段，加之现代生活习惯（经常使用计算机和手机等电子产品）、生活环境（居住空间狭小、远眺距离有限）、光线和写字姿势等因素的影响，儿童青少年长期处于视近状态，眼球壁逐渐延伸，眼轴拉长，进入眼睛的光线聚焦于视网膜前方，导致近视。

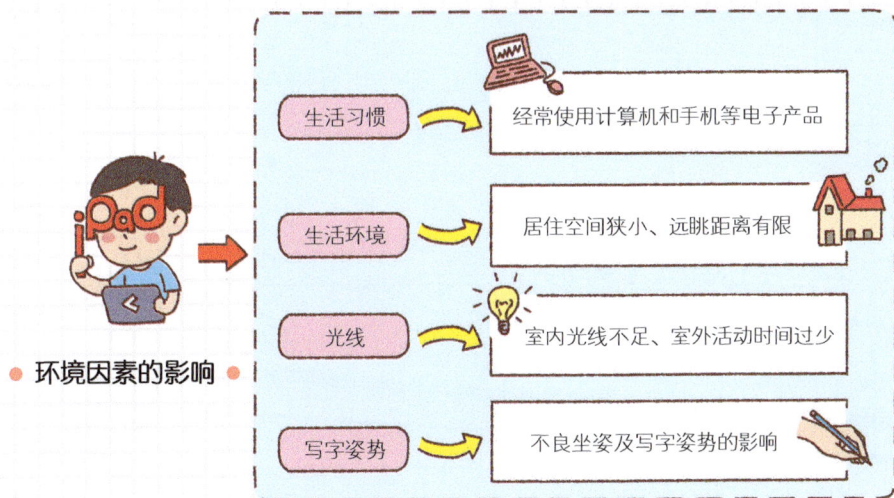

环境因素的影响

生活习惯	→	经常使用计算机和手机等电子产品
生活环境	→	居住空间狭小、远眺距离有限
光线	→	室内光线不足、室外活动时间过少
写字姿势	→	不良坐姿及写字姿势的影响

Q4 | 儿童青少年近视有哪些危害？

A

　　近视按程度可分为低度（-3.0D 以下）、中度（-3.0D ~ -6.0D）和高度（-6.0D 以上）三类。低度、中度近视会影响儿童青少年的健康成长以及正常的学习和生活，高度近视则易引起儿童青少年眼底的退行性改变，如近视性黄斑病变、视网膜变性和视网膜脱离等。除此之外，近视甚至还会对国防建设产生严重的影响。当下，儿童青少年的高近视率给对视力要求较高的军事、航天和精密制造等行业带来一定的负面影响。另外，多项研究证实，高度近视存在一定的遗传倾向，将对出生人口质量造成一定的不良影响。

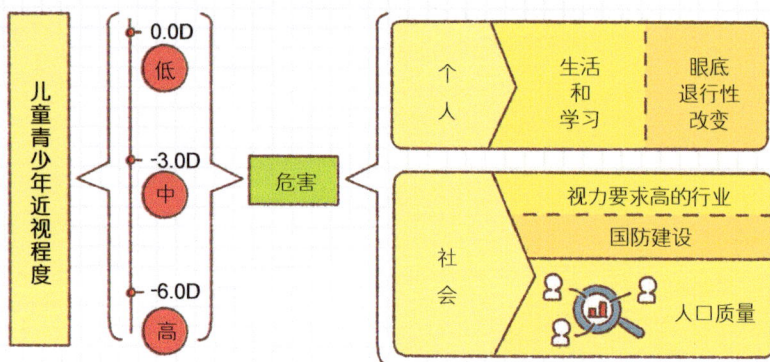

儿童青少年近视程度

- 0.0D 低
- -3.0D 中
- -6.0D 高

危害

个人：生活和学习 / 眼底退行性改变

社会：视力要求高的行业 / 国防建设 / 人口质量

Q5 | 近视是一种疾病吗？

A

　　近视不是疾病，而是眼睛的一种屈光状态。近视的本质相当于照相机失焦，是由镜头（角膜及晶状体）和底片（视网膜）等各种组件的光学不平衡引起的屈光状态。低度、中度近视是人与环境相适应的结果。在现代生活中，人们多使用计算机和手机等电子设备进行工作，长期处于近距离用眼的状态。因此，单纯的低度、中度近视可视作人体调节能力的一种体现，不属于疾病范畴。而高度近视，如果不合并眼底异常和其他影响视力的并发症且矫正远视力不低于1.0，都不能被认为是疾病。但是，近视可引起许多并发症，如近视性黄斑病变、白内障和视网膜脱离等，这些则是影响视力的疾病。

近视引起的并发症

损害视力

单纯低度、中度近视

人体调节能力的
体现

Q6 | 近视会遗传吗？

A

　　遗传是近视的重要诱因之一，在一定程度上影响近视的发生。低度、中度近视又称作单纯性近视，一般由后天的不良用眼习惯导致，戴眼镜可使视力被矫正至正常，这类近视的遗传风险很小；高度近视又称作进行性近视，随着年龄的增长，眼睛前后轴不断加长，并伴有眼底视网膜的退行性变化，戴眼镜也难以使视力被矫正至正常，还可能引起严重影响视力的并发症，这类近视的遗传风险相对较大。

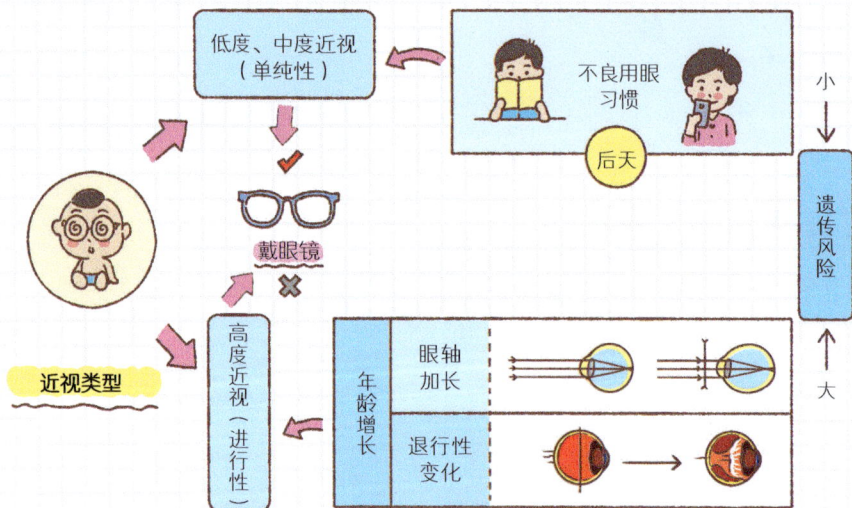

低度、中度近视（单纯性）

不良用眼习惯

后天

戴眼镜

近视类型

高度近视（进行性）

年龄增长

眼轴加长

退行性变化

遗传风险

小

大

遗传因素在儿童青少年近视的发生和发展过程中起着重要的作用。现有研究发现：父母双方均近视时，子女近视的发生率较高；父母一方近视时，子女近视的发生率适中；父母双方均不近视时，子女近视的发生率较低。此外，近视受遗传因素和环境因素的共同影响，父母双方均不近视时，如果孩子后天的用眼负荷过重，依然有可能近视。

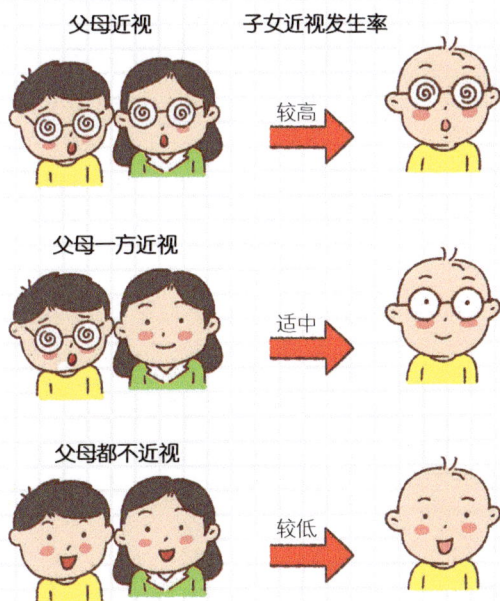

父母近视　　　子女近视发生率

较高

父母一方近视

适中

父母都不近视

较低

A

近视虽不是一种疾病，但会引起很多眼部并发症，且多数并发症可致盲。常见的近视并发症有6种。

1.视网膜脱离

近视可引起视网膜周边部变性、变薄，加之玻璃体液化、活动度增加，牵拉视网膜发生脱离，这是近视最常见的并发症。

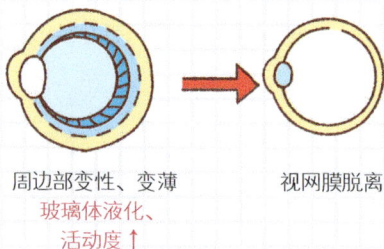

周边部变性、变薄　　　　视网膜脱离
玻璃体液化、
活动度↑

2.玻璃体液化变性

近视后，眼轴增长，但玻璃体却保持原有的大小，这导致玻璃体不能填充眼内的全部空间，出现液化、浑浊，引起眼前黑影。

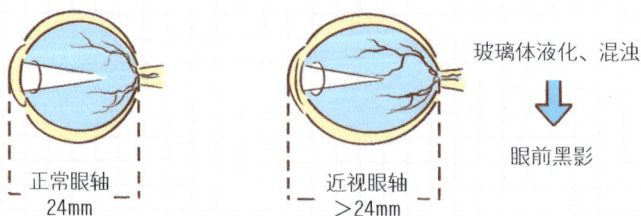

正常眼轴
24mm

近视眼轴
>24mm

玻璃体液化、混浊
↓
眼前黑影

3. 豹纹状眼底

后极部巩膜扩张，引起脉络膜毛细血管伸长，从而影响视网膜色素上皮层营养，导致其色素脱失，使脉络膜血管暴露呈豹纹状。

脉络膜血管暴露

4. 青光眼

青光眼的主要特征是眼球内压力升高并对视神经造成损害。一旦眼内有炎症等变化或点用激素类眼药水时，眼睛耐受性差，眼压易升高，视神经易受损。

视神经

眼球内压力↑
视神经受损

5. 斜视、弱视

斜视指两眼不能同时注视目标的眼外肌疾病；弱视指视觉发育期内由于异常视觉经验引起的单眼或双眼最佳矫正视力下降。

6. 黄斑出血或黄斑变性

视网膜新生血管易破裂出血形成黄斑出血，多次出血后局部出现瘢痕，形成黄斑变性，导致永久性损害视力。

假性近视是什么?
可以痊愈吗?

A

　　假性近视是由于眼内调节晶状体的睫状肌紧张而引起的功能性近视。由于儿童青少年的眼睛处在生长发育阶段，睫状肌调节能力较强，如果视近物的时间较多，加上不注意用眼卫生或者调节过度，就会导致调节紧张与痉挛，视远物不清，呈现近视状态。经过一定时间的休息或者使用睫状肌麻痹药品，假性近视可以得到缓解。如果处理不当，仍然长时间地近距离用眼，就会使眼睛前后轴拉长，形成不能治愈的轴性近视。

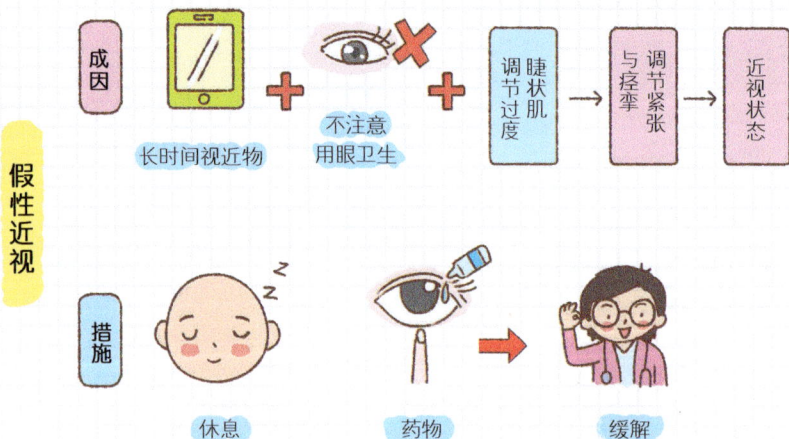

成因　长时间视近物　＋　不注意用眼卫生　＋　睫状肌调节过度　→　调节紧张与痉挛　→　近视状态

假性近视

措施　休息　药物　→　缓解

A

不是，引起视力下降的原因有很多，而近视只是其中的一种。视力下降有可能由视网膜中央动脉阻塞、视网膜脱离和角膜病变等因素引起。发现视力下降时，应及时到医院检查，排除影响视力的疾病，切不可一律当作近视。

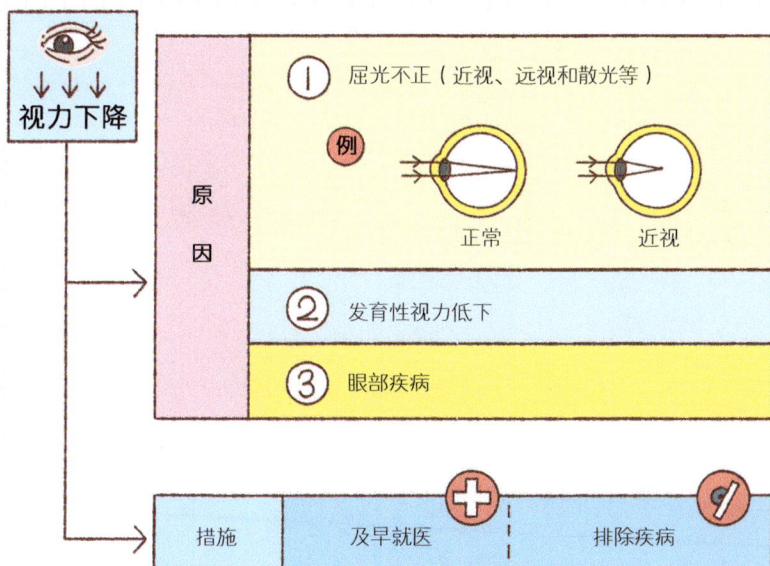

视力下降

原因

① 屈光不正（近视、远视和散光等）

例

正常　　　　近视

② 发育性视力低下

③ 眼部疾病

措施　　及早就医　｜　排除疾病

Q10 使用手机等电子产品对视力有什么影响？

A

信息时代，电子产品越来越普及。我们在生活中，不可避免地需要使用电子产品。一般情况下，如果注意用眼的时间，保持合适的用眼距离，在光线适当的地方正确地使用电子产品，那么这种行为不会对我们的视力造成影响。但如果长时间地使用电子产品，且不注意用眼的距离和方式，则会引起眼睛不适，主要表现为视力下降、眼睛干涩和充血，甚至会引起眼部器质性的病变。

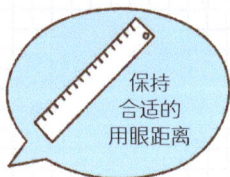

戴眼镜时间越长，近视度数会越高吗？

A

这种看法是错误的。一副合适的眼镜不会使近视度数增加。佩戴眼镜后度数仍然增高是因为促使近视度数增加的诱因（如过度近距离用眼等）依然存在。因此，佩戴眼镜后仍然要注意用眼习惯与卫生，防止近视度数加深。

佩戴眼镜后度数加深的原因

近视"诱因"仍然存在

用眼习惯 → 经常使用计算机和手机等电子产品

用眼环境 → 长期在光线不足的情况下用眼

用眼距离 → 长期近距离用眼

用眼卫生 → 用不干净的手揉眼等

Q12 近视可以治愈吗?

A

近视是眼睛的一种屈光状态，虽然不是一种疾病，但也只能对其进行改善和控制，不能使视力完全恢复到近视前的状态。目前认为，近视只能通过镜片、角膜塑形镜或手术等方法进行矫正。但是，我们可以通过合理的方式延缓近视度数增加的进程。

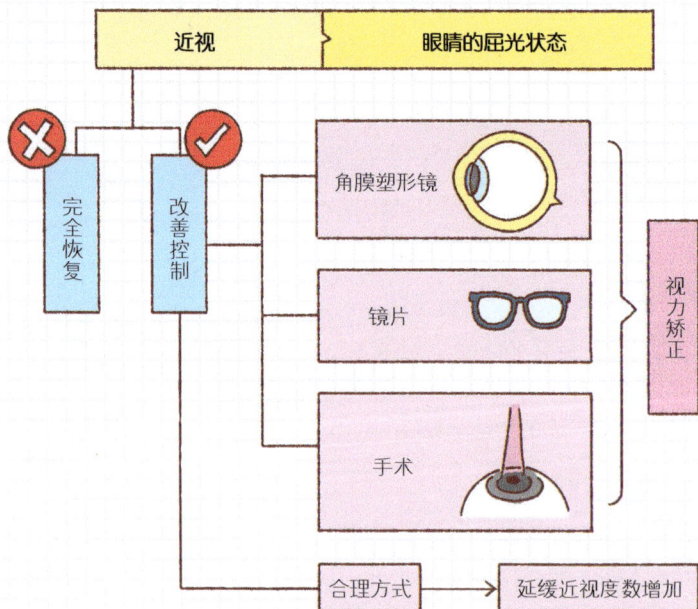

近视 | 眼睛的屈光状态

完全恢复 ❌
改善控制 ✓

角膜塑形镜

镜片

手术

视力矫正

合理方式 → 延缓近视度数增加

Q13 近视矫正手术有哪些？可以根治近视吗？

A

　　近视矫正手术的目的是通过手术的方式改变眼睛的屈光度，主要方法有激光角膜屈光手术和有晶状体眼人工晶状体植入术。这类手术主要适用于 18 岁以上的近视度数稳定的人群，且需要严格按照各类手术的禁忌证和适应证进行近视矫正手术的筛查和实施。手术只是矫正近视的一种方法，不能根治近视也不能预防近视的并发症。因此，应对近视矫正手术有一个理性的认识，以正常的心态看待它。

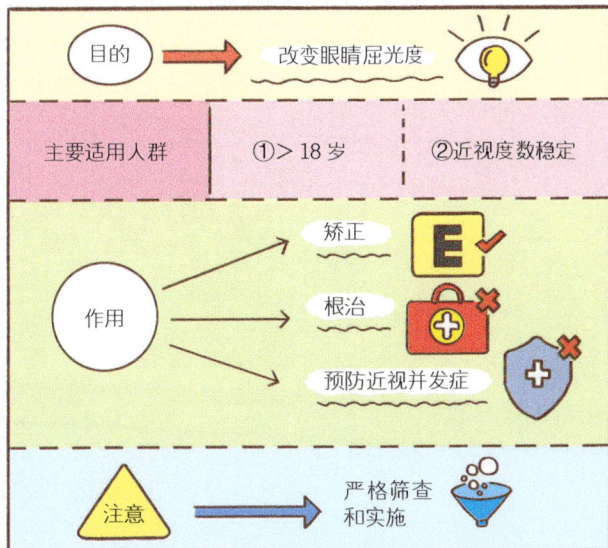

Q14 | 什么是角膜塑形镜（OK镜）？它有什么作用？

A

　　角膜塑形镜（OK镜）利用了角膜组织的可塑性，使用逆几何设计的镜片，使中心角膜曲率发生改变，从而改变角膜的屈光度，最终降低近视的度数，并维持约10小时。其本质是一种硬质透气性接触镜，通过佩戴，使角膜中央区域的弧度在一定范围内减小，从而暂时性地降低一定量的近视度数，是一种可逆性的非手术物理矫形方法。通常，近视者在睡觉时佩戴角膜塑形镜，白天便可以在不使用任何器具的情况下，拥有良好的视力。

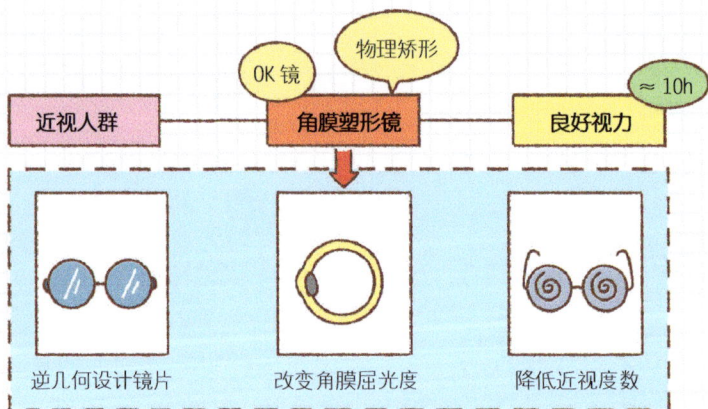

A

　　研究表明，高糖、高蛋白及缺乏某些微量元素与近视的形成有关。另有研究发现，体内维生素 D 水平与眼轴长度呈负相关，说明维生素 D 可能在近视的形成中发挥直接的作用。目前认为，近视的形成可能与机体缺钙和铬等元素有关，这些元素对维持眼压和眼球壁硬度有一定的作用。

　　要想保护视力，平时应多吃动物肝脏、蛋黄和胡萝卜等补充维生素 A；多吃蘑菇和红薯等补充维生素 B_2；多吃水果、蔬菜和粗粮等补充保护眼睛所必需的其他维生素。当然，除了多吃对眼睛有益的食物外，还要少吃或不吃对眼睛有害的东西，尤其不能抽烟和喝酒；还要少吃一些刺激性强的食物，如蒜、葱、辣椒和胡椒等。

● 保护视力与饮食习惯 ●

维生素 A	动物肝脏	蛋黄	胡萝卜
维生素 B_2	蘑菇	红薯	
其他维生素	水果	蔬菜	粗粮
刺激性	蒜	葱	辣椒	胡椒
有害	烟	酒	

Q16 参加体育锻炼可以保护视力吗？

A

参加体育锻炼是保护儿童青少年视力的有效方式之一，对于年龄尚小的儿童尤为如此。体育锻炼不仅有助于增强体质，还能促进眼球的血液供应和代谢，为其提供更多的营养和氧气，加快营养物质的吸收，改善眼球的营养状况，增强视觉功能；同时眼部的肌肉得到了休息，且其收缩能力和调节能力提高了，从而起到保护视力的作用。因此，对于视力正常的个体，有效的体育锻炼能预防近视的发生；对于已经近视的个体，有效的体育锻炼能延缓近视度数增加的进程。

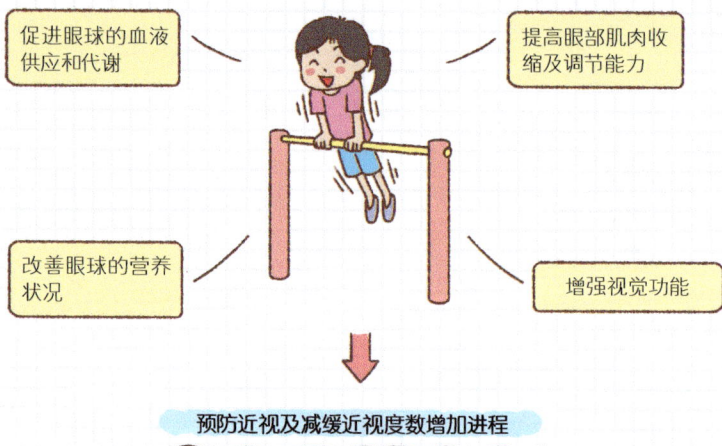

促进眼球的血液供应和代谢

提高眼部肌肉收缩及调节能力

改善眼球的营养状况

增强视觉功能

预防近视及减缓近视度数增加进程

A

　　是的。户外运动不但能减低视近的频率和强度，还能消除睫状肌的紧张状态，缓解眼部疲劳，而且户外光照与眼球的发育有关，因此近视防控应更多地进行户外运动，如打球、跑步和郊游等。户外明媚的阳光和绿色的草地还有助于加速眼球、眼部肌肉和视神经的营养物质及氧气供应。如果坚持每天进行户外运动，不仅能强健体魄、舒解压力，而且有助于人体合成维生素 D，对视力有一定的保护作用。因此，对近视防控而言，户外运动更为理想。

Q18 保护视力的有效运动方式有哪些?

A

　　乒乓球、羽毛球、篮球和武术等运动项目可以让眼球不停地上下运动及进行远近的调节,使控制眼球的肌肉得到充分的活动,改善进行阅读等近距离工作造成的眼部肌肉疲劳。尤其是进行羽毛球和乒乓球等运动时,球的速度和方向不停地改变,眼睛需要不停地调节,睫状肌的收缩和舒张交替进行,既缓解了眼部疲劳,又增强了屈光系统的调节能力,从而实现对近视的防控。

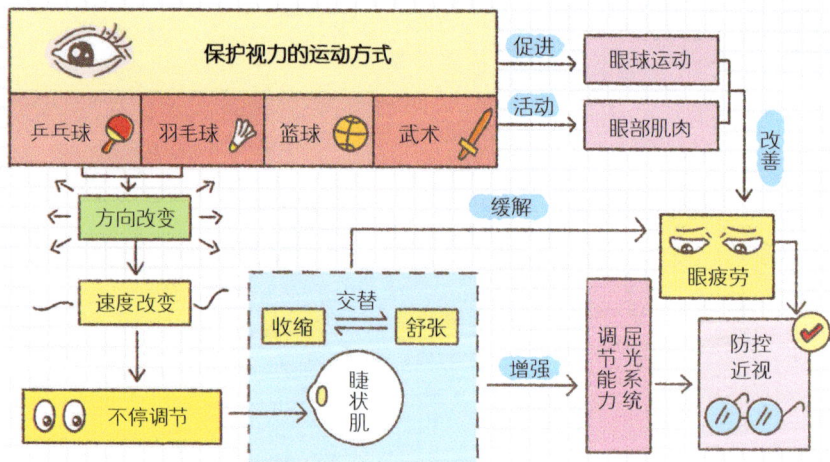

A

　　高度近视者不应参加涉及剧烈、冲击性的头部运动的项目，如足球、篮球、跳水和举重等，以防止视网膜的脱离。他们应参加适宜自己身体状况的体育运动，并在运动时随时关注自身的身体状况。

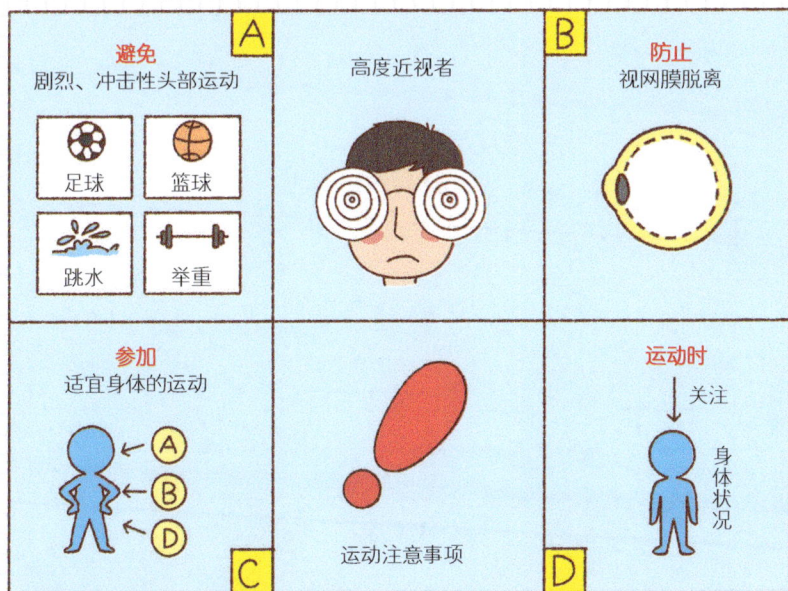

A 避免 剧烈、冲击性头部运动 足球 篮球 跳水 举重	高度近视者	B 防止 视网膜脱离
C 参加 适宜身体的运动 A B D	运动注意事项	D 运动时 关注 身体状况

A

儿童青少年应该做自身视力保护和近视防控的第一责任人，平时应主动纠正不正确的阅读和书写姿势；连续近距离用眼 30～40 分钟后进行远眺或到户外活动和休息，防止眼部疲劳；积极到户外参加各种运动（尤其是已近视的同学，应多进行一些球类运动），保证每天户外运动的时间在 1 小时以上；合理使用电子产品，每天的视屏总时间应少于 1 小时；合理膳食，均衡营养；按时休息，不熬夜，保证每天有充足的睡眠；主动养成健康的生活习惯等。

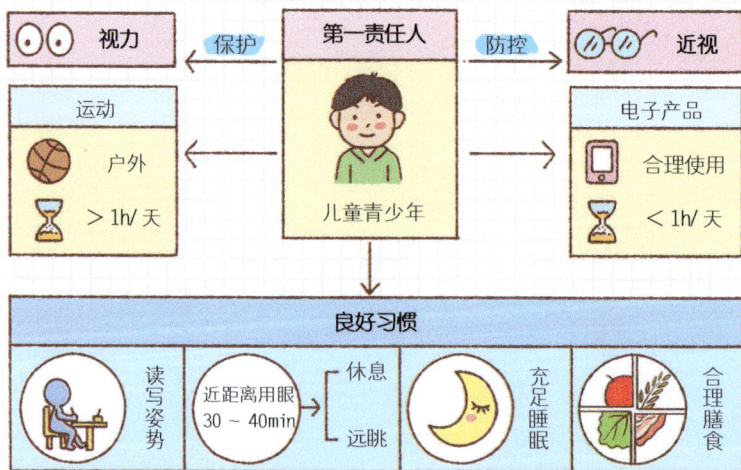

Q21 | 保护儿童青少年视力，家长应该怎么做？

A

  儿童青少年的近视防控，重在早发现、早治疗。作为家长，首先应了解并重视孩子出生后的眼部健康检查，按时带孩子到居住地的妇幼保健院接受检查，一旦发现问题，应及时治疗，以免延误病情。此外，当家长发现孩子的视力低于正常水平时，应尽早到医院检查，排查眼部病变，并在日常生活中注意节约用眼，避免长时间连续视近。家长更要以身作则，爱眼护眼，给孩子少安排或不安排各种补习班，充分利用周末或假期，引导孩子积极地进行户外运动。

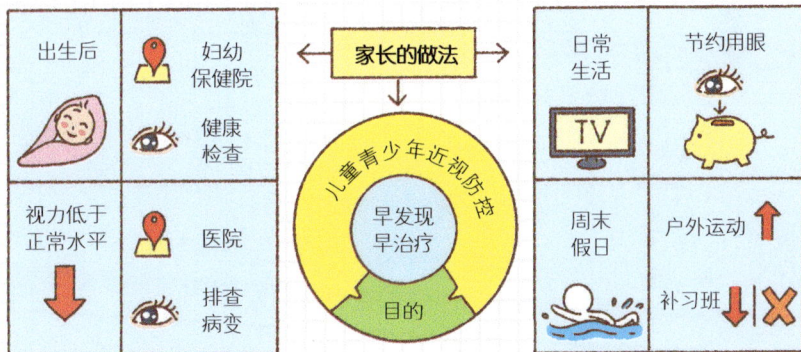

出生后　妇幼保健院　健康检查
视力低于正常水平　医院　排查病变

家长的做法

儿童青少年近视防控　早发现　早治疗　目的

日常生活　节约用眼　TV
周末假日　户外运动　补习班

A

学校要优化课程设置，严格落实"阳光体育一小时"制度。学校还应杜绝"重智育、轻体育"，甚至"无体育"的现象，按要求设置充足的体育课；丰富体育课内容，适当增加球类运动（尤其是小球运动）课程，缓解因长时间学习产生的眼部疲劳；鼓励学生在课间活动时走出教室，到操场进行休闲活动或体育运动；保证学生每天至少进行1小时的体育锻炼。

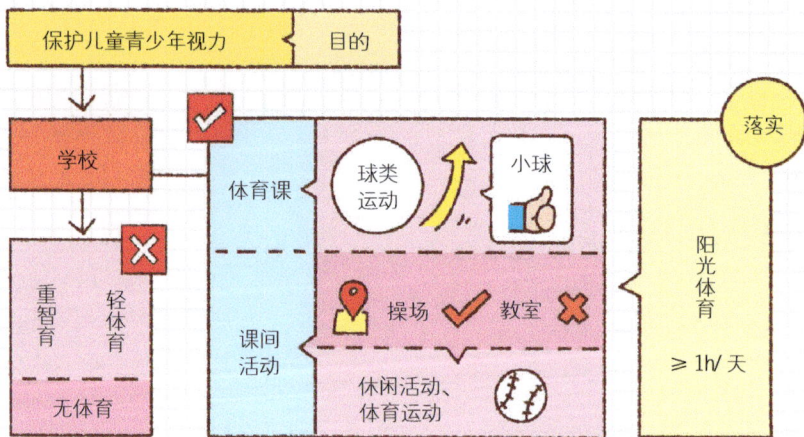

第 4 章

儿童青少年
脊柱健康科普问答

脊柱是身体维持平衡稳定和发挥运动功能的重要结构。姿势错误、久坐和缺乏锻炼等均易导致儿童青少年出现脊柱形态不良。如果不能定期对儿童青少年进行脊柱异常筛查，及早发现其脊柱形态异常并进行科学干预，极有可能导致儿童青少年产生严重的身体和心理健康问题。

Q1 | 人体的脊柱是什么样子的?

A

　　人体的脊柱由一块块的"小骨头"（椎骨）以及它们之间的连结组合而成。成年人的脊柱的骨自上至下由 7 块颈椎、12 块胸椎、5 块腰椎、1 块骶骨和 1 块尾骨构成。与成人不同的是，婴儿的脊柱中有 5 块骶椎和 4 块尾椎，在后续的生长发育过程中，5 块骶椎和 4 块尾椎分别融合成 1 块椎骨。

● 脊柱示意图 ●
（侧面）

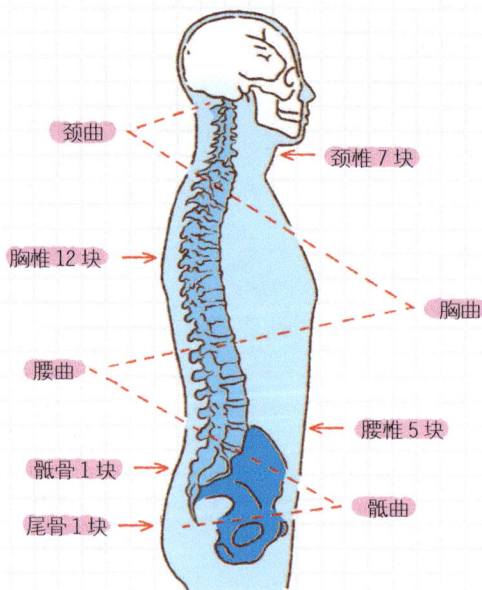

颈曲

颈椎 7 块

胸椎 12 块

胸曲

腰曲

腰椎 5 块

骶骨 1 块

尾骨 1 块

骶曲

　　从正面和背面看，成年人的脊椎呈整体笔直、由上到下越来越宽，但尾部尖尖的"塔形"。而婴儿的胸椎和腰椎则一样宽，这是因为，在发育过程中，为了让脊柱能够更好地承重，腰椎变得更加粗大。从侧面看，脊柱具有4个生理性弯曲：颈椎前凸、胸椎后凸、腰椎前凸和骶尾椎后凸。这4个生理弯曲有助于脊柱的缓冲与稳定，是人体进行各种身体活动的重要基础。一旦它们出现问题，人体将面临疼痛与脊柱功能异常等风险。

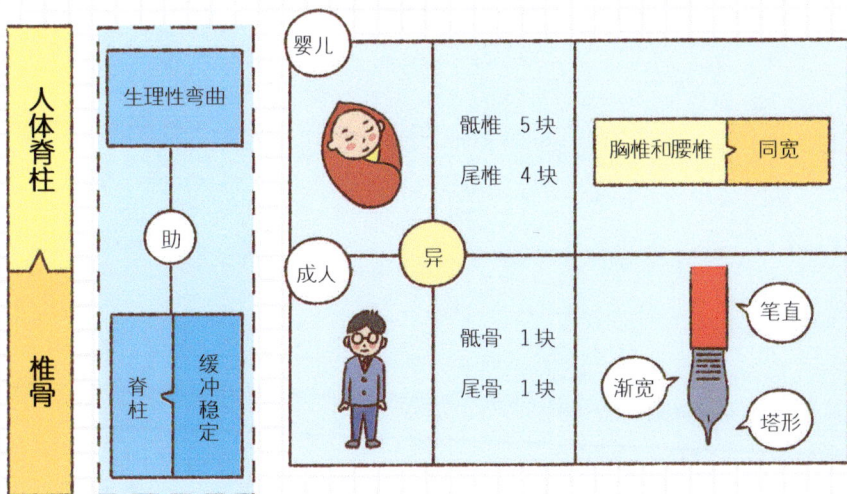

Q2 | 什么是脊柱侧弯？

A

脊柱侧弯（又称为脊柱侧凸）是脊柱在三维空间中发生旋转、异常弯曲的疾病，以冠状面的异常弯曲最为常见，矢状面的异常弯曲通常指胸椎、腰椎曲度异常。医学上一般以站立正位全脊柱 X 线片显示 Cobb 角（上端椎上缘的垂线与下端椎下缘垂线的交角）大于 10 度为确诊金标准。人们还可根据 Cobb 角的大小确定脊柱侧弯的严重程度：10 度（不含）~20 度（不含）为轻度脊柱侧弯；20 度（含）~40 度（含）为中度脊柱侧弯；40 度以上为重度脊柱侧弯。

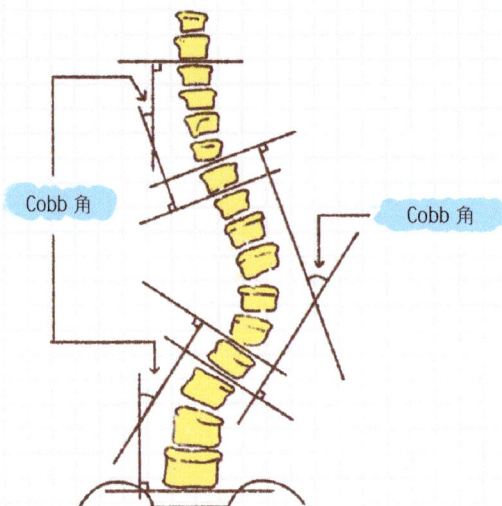

Cobb 角　　　　　　　　　　　Cobb 角

　　通常，女孩的发育成熟期为 16 岁左右，男孩比女孩晚 1~1.5 年，人体的骨骺在 24 岁左右完全闭合。骨骼发育成熟前，脊柱侧弯情况可能随着骨骼的快速生长而急剧恶化，因此必须密切关注并加以适当的干预。这个阶段的干预通常以支具治疗为主，辅以运动干预。骨骼发育成熟后，脊柱侧弯角度一般较稳定，支具治疗对其已无意义，应以物理治疗为主。成人脊柱侧弯手术治疗的矫正率比儿童青少年低，且手术风险和并发症的发生率更高，因此应尽早对脊柱侧弯进行诊治。

骨骼发育	治疗方法		手术矫正率
成熟前	支具治疗	主	高
	运动干预	辅	
成熟后	物理治疗	主	低

脊柱侧弯 → 三维 旋转、异常弯曲 ← 例 冠状面弯曲 → 常见 胸椎/腰椎 曲度异常
矢状面弯曲 →

Cobb 角 → >10 度 确诊金标准
10 度（不含）~ 20 度（不含） 轻
20 度（含）~ 40 度（含） 中
40 度以上 重

Q3 脊柱侧弯的危害有哪些？

A

轻度脊柱侧弯可能影响生活质量，重度脊柱侧弯可能导致瘫痪，甚至危及生命。脊柱侧弯的具体危害主要有以下几种。

1. 心肺功能受损

脊柱侧弯多发生在胸腰段，程度较高可能导致胸廓畸形及容积下降，从而引起胸闷、心慌和气促等症状。

2. 疼痛

脊柱侧弯可能引起颈肩、腰背和四肢等部位的疼痛，进而导致运动能力下降。

3. 胸部发育不良

对女孩来说，脊柱侧弯可能导致其双侧乳房发育不均匀。

4. 智力下降

脊柱侧弯可能会压迫脊神经和动脉，使神经传导和血液养分运输受阻，导致大脑反应迟缓，以及记忆力和注意力下降。

5. 生育问题

脊柱侧弯往往伴随着骨盆倾斜变形，造成胎儿成长环境异常，导致不孕或胎儿发育异常。

6. 多种并发症困扰

脊柱侧弯程度较高的患者甚至会出现神经受损、肢体感觉障碍、下肢麻木和大小便异常等症状，其呼吸、循环和内分泌等系统受到严重影响，平均寿命比正常人短。

7. 心理问题

脊柱侧弯者可能会因形象不佳而遭他人讥笑，并因此产生自卑和自闭心理。

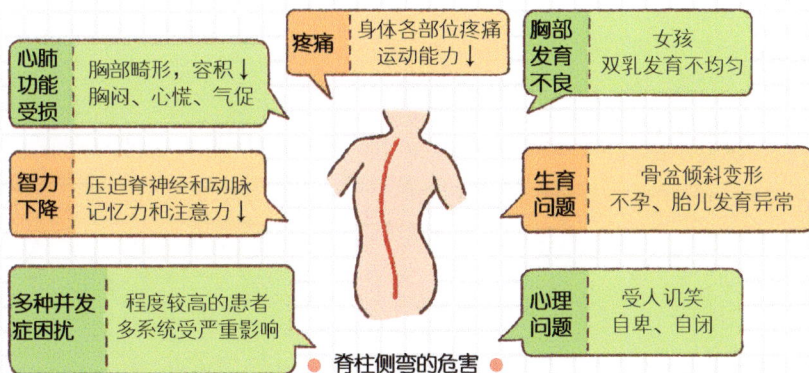

心肺功能受损	胸部畸形，容积↓ 胸闷、心慌、气促
疼痛	身体各部位疼痛 运动能力↓
胸部发育不良	女孩 双乳发育不均匀
智力下降	压迫脊神经和动脉 记忆力和注意力↓
生育问题	骨盆倾斜变形 不孕、胎儿发育异常
多种并发症困扰	程度较高的患者 多系统受严重影响
心理问题	受人讥笑 自卑、自闭

脊柱侧弯的危害

Q4 | 脊柱侧弯的病因有哪些?

A

　　先天性脊柱侧弯的病因是先天性脊椎发育不全,多发生在胸腰段或腰骶段。这些部位的侧弯症状出现早,发展快,一般在个体 3 ~ 4 岁时就可能发生较明显的畸形。

　　后天性脊柱侧弯包括姿势性脊柱侧弯、神经病理性脊柱侧弯、胸部病理性脊柱侧弯和营养不良性脊柱侧弯等。姿势性脊柱侧弯由不正确的姿势引起,常见于学龄期儿童;神经病理性脊柱侧弯由脊髓灰质炎和神经纤维瘤病等引起的肌张力不平衡导致;胸部病理性脊柱侧弯由幼年期的化脓性或结核性胸膜炎和儿童期的胸廓成形术等扰乱脊椎在发育期的平衡导致;营养不良性脊柱侧弯由维生素 D 缺乏引起的佝偻病导致。此外,椎间盘突出症、肾周围炎、各种原因引起的两侧下肢不等长或椎旁肌力量不对称、骨折脱位及脊柱结核等都可能导致脊柱侧弯。

先天性
3 ~ 4 岁即可出现明显畸形

后天性
姿势性脊柱侧弯、神经病理性脊柱侧弯、胸部病理性脊柱侧弯和营养不良性脊柱侧弯等

Q5 脊柱侧弯可以自行矫正吗？

A

脊柱侧弯的类型复杂多样，通常非结构性脊柱侧弯患者及一些轻度脊柱侧弯患者可以通过运动干预和不良姿态矫正等方法防止病情恶化并使脊柱曲度逐渐恢复正常，实现自行矫正。但仍要注意运动的科学性，不正确的运动方式及运动过度都可能会适得其反，造成脊柱侧弯程度的进一步增加，甚至导致运动损伤。

结构性脊柱侧弯患者及中度、重度脊柱侧弯患者则难以自行矫正。他们即使通过手术恢复了正常的脊柱曲度，后续仍需佩戴支具并进行功能性训练。

脊柱侧弯类型与程度	非结构性与轻度	结构性与中度、重度
自行矫正	⭕ 能	❌ 否
方　式	运动干预　科学　不良姿态矫正	手术 → 佩戴支具 → 功能性训练

A

　　经筛查，目前，我国小学、初中生的脊柱侧弯发病率约为20%。脊柱侧弯通常可分为两大类：特发性脊柱侧弯（IS）和姿势性脊柱侧弯。约80%的脊柱侧弯是特发性的，属于难以自行矫正的结构性脊柱侧弯。青少年特发性脊柱侧弯（AIS）的病因至今未明，患病率为0.93%~12%。男女性的AIS患病风险相当。但在青春期的生长突增过程中，女性的AIS进展风险和患更严重疾病的可能性是男性的5~10倍，如不及早进行干预治疗，可能导致严重的躯干畸形。姿势性脊柱侧弯属于功能性脊柱侧弯，俗称"假性脊柱侧弯"，由姿势不良、长短腿和椎旁肌力量不对称等造成。通常，在消除了致病因素后，患者脊柱的侧弯程度会降低甚至完全恢复至正常曲度。但如果不注意控制，发生在青春期前的姿势性脊柱侧弯有可能发展成结构性脊柱侧弯。

A

　　大量研究指出，脊柱疾病的发病呈低龄化趋势。骨骼是脊柱的重要组成部分，但在儿童青少年时期，骨骼中无机盐的含量较少，骨质不稳定，极易变形。此外，很多孩子使用电子产品过多，学业压力大，静态活动时间过长，体力活动不足，身体姿势不正确（如走路含胸低头、坐姿不正和趴在桌上午睡等），这些因素均易导致脊柱形态不良和颈肩腰背疼痛等问题的发生。定期进行脊柱检查有助于尽早发现问题并及时进行干预，有效防止脊柱异常问题的进一步恶化，降低骨骼发育完全后再治疗的难度和手术风险。

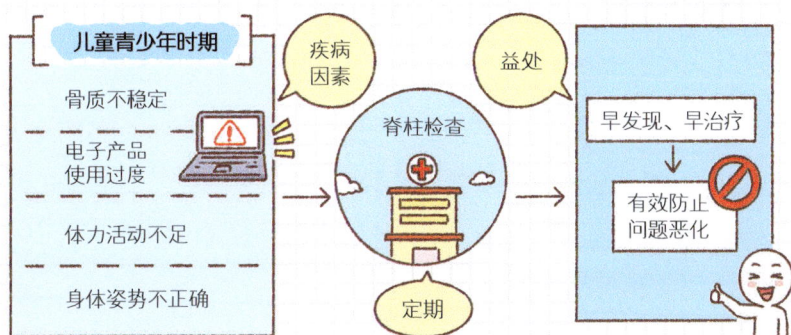

Q8 脊柱检查的手段有哪些?

A

1. 体格检查

棘突线是否侧弯、双肩是否等高、左右肩胛骨在脊柱两侧是否对称及其下角是否等高、两侧腰凹是否对称和亚当斯(Adams)身体前屈试验等。

2.X 线片检查

诊断脊柱侧弯最重要的检查方法。通过 X 线片,医生可清晰地看到患者的整个脊柱,确定侧弯的位置、类型和严重程度。

3.CT 和 CT 三维重建检查

有助于观察脊柱是否存在先天性畸形。

4. 磁共振成像(MRI)检查

MRI能清楚地显示椎管内异常。与CT、X线片相比,该检查方法的精确度更高,且无辐射。

5. 莫尔云纹测量

一种光学测量脊柱形态的方法,无辐射,属于初筛手段。

6. 传感器测量

一种电子测量脊柱形态和活动能力的方法，使用便捷，无辐射，属于初筛手段。

Q9 | 父母可以如何对孩子进行脊柱形态检查?

A

父母可以通过2种方法对孩子的脊柱形态进行初步检查。

1. 直立位检查

站姿: 孩子上身裸露,身体直立,双脚分开,距离与肩同宽,双臂自然下垂,目视前方,背向父母。

观察: (a)双肩是否等高;

(b)左右肩胛骨在脊柱两侧是否对称及其下角是否等高;

(c)两侧腰凹是否对称。

判断标准: 孩子的任意一项检查结果为否即可能存在脊柱形态不良的问题。

2. Adams 身体前屈试验

站姿: 孩子腰背部裸露,身体直立,双脚并拢,双腿伸直,然后身体向前屈曲90度,上肢自然下垂,双手合拢置于双膝间,颈部放松并自然垂头。

坐姿: 孩子坐于凳上,双脚分开,距离与肩同宽,膝关节保持屈曲90度,双臂伸直,双手合掌,缓慢向前弯腰至上半身接近但未碰到大腿的位置,颈部放松并自然垂头。

测试方法: 父母站在孩子身后,双目平视孩子的背部,观察其背部两侧是否等高。以脊柱侧弯检查尺（Scoliometer）测量背部两侧最不等高处的角度。

　　判断标准：角度＜5度为阴性，5度～7度（不含）为阳性（转诊阈值，3个月后需重测一次），≥7度为强阳性（高度怀疑脊柱侧弯，建议转诊医院进行拍片检查）。

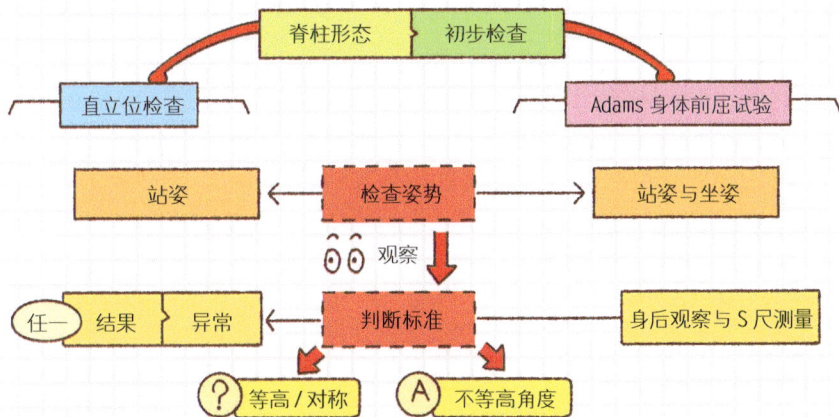

脊柱形态　初步检查

直立位检查　　　　　Adams 身体前屈试验

站姿　←　检查姿势　→　站姿与坐姿

观察

任一　结果　异常　←　判断标准　←　身后观察与 S 尺测量

? 等高／对称　　　A 不等高角度

☞ S尺：**脊柱侧弯检查尺**

A

　　青春期来临，脊柱异常的情况会进一步恶化，所以先天性脊柱侧弯患者通常会在青春期前（8~10 岁）进行手术。父母应从孩子 8 岁时开始定期对其进行脊柱异常初步筛查，筛查频率：青春期前应每 6~12 个月进行一次初筛；但 10 岁开始应密切注意脊柱异常的发展，每 3~6 个月进行一次初筛。若发现孩子的棘突线明显侧弯且直立位检查有一项不对称，或在 Adams 身体前屈试验中孩子的背部不等高且使用脊柱侧弯检查尺进行多次测量的结果均为 5 度及以上，建议转诊医院进行拍片检查。但确诊脊柱侧弯的 X 线片有一定的医疗辐射，因此建议在无脊柱侧弯风险特征的情况下勿频繁转诊医院进行拍片检查。

项目 ＼ 时期	8 ~ 9 岁 ◀	≥ 10 岁 ▶
筛查频率	每 6 ~ 12 个月一次	每 3 ~ 6 个月一次
筛查结果异常	转诊	拍片检查
⚠ 无风险特征	✖ 切勿频繁拍片检查	X 线片有一定辐射

Q11 脊柱侧弯的治疗手段有哪些？

A

早期治疗是获得良好治疗效果的关键。常见的脊柱侧弯的治疗手段有不良姿态矫正、运动干预、电刺激、牵引治疗、支具治疗和手术治疗等，应根据脊柱侧弯的程度选择合适的治疗手段。

（1）Cobb 角为 10 度（不含）~20 度（不含），可进行不良姿态矫正、运动干预和电刺激。

（2）Cobb 角为 20 度（含）~40 度（含），可佩戴支具，并辅以运动干预。

（3）Cobb 角大于 40 度，可进行手术矫正，术后佩戴支具，并进行肢体功能性训练。

需要特别注意的是，在 Cobb 角 ≤ 10 度时，应及时采用不良姿态矫正和运动干预的手段进行脊柱形态改善和控制。

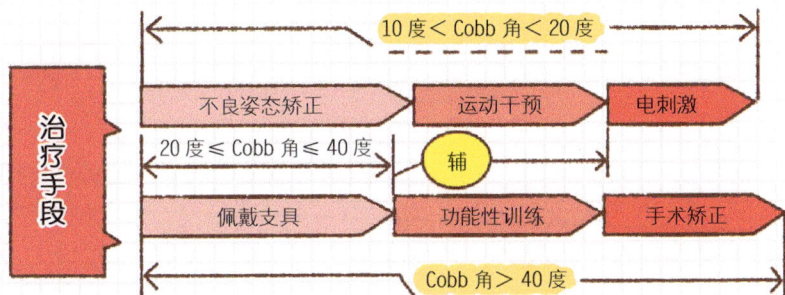

治疗手段

10 度＜ Cobb 角＜ 20 度

不良姿态矫正 → 运动干预 → 电刺激

20 度 ≤ Cobb 角 ≤ 40 度　辅

佩戴支具 → 功能性训练 → 手术矫正

Cobb 角＞ 40 度

若在儿童时期发现脊柱形态异常而不予干预，会产生怎样的后果？

A

　　儿童青少年正处于生长发育的高峰期，骨骼中无机盐的含量较少，骨质不稳定，极易变形。若在儿童时期发现脊柱形态异常而不予干预，随着青春期的来临，脊柱形态的不良状况会进一步加剧，发展成脊柱侧弯或脊柱侧弯程度进一步增加，从而错过最佳的治疗时机。然而，轻度的脊柱侧弯通常不会过多影响脊柱的功能性并引起疼痛，多数轻度脊柱侧弯患者只存在躯体不对称的现象。在当前我国脊柱健康知识普及程度不够的背景下，父母和孩子往往意识不到其严重性，忽视对其的干预，加上孩子的害羞和自卑心理，脊柱侧弯极易进一步发展，加大未来的治疗难度。因此，家长和孩子必须高度重视已发现的脊柱形态异常并进行针对性干预。

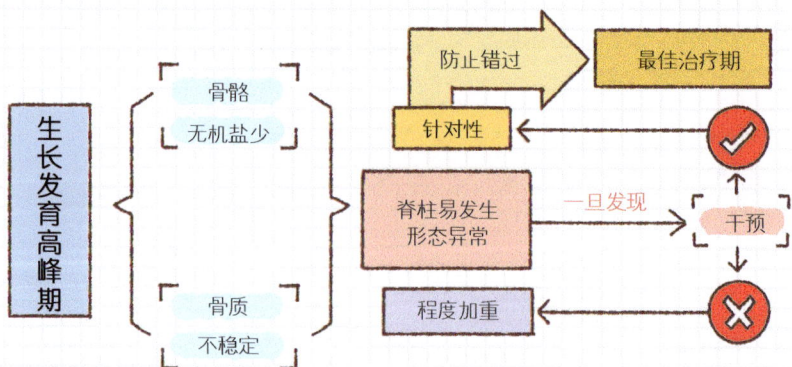

A

我国青少年颈肩痛的患病率近年来呈明显的升高趋势，且随年龄增加而上升，超过五成的青少年患有间歇性颈肩痛。引起青少年颈肩痛的原因包括遗传性脊柱健康问题、睡觉枕头高且硬、趴着午睡、长时间低头玩手机和写作业、体育锻炼时间少及学业压力大等。

此外，颈椎形态异常不仅会带来生理上的疼痛，还会影响身体姿态，如产生圆肩驼背、头部前倾、头部歪斜和"富贵包"等不良体态。

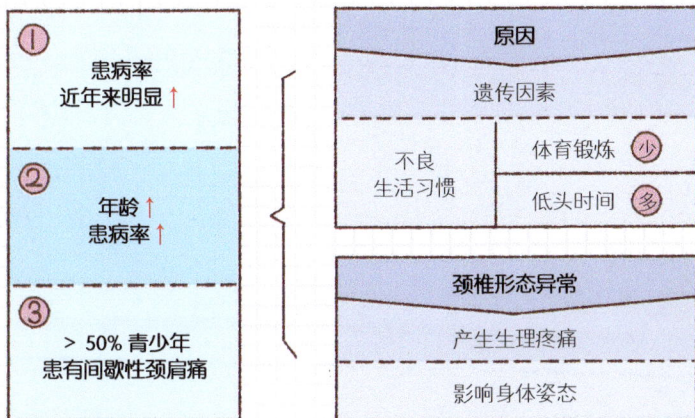

	原因
① 患病率近年来明显↑	遗传因素
② 年龄↑ 患病率↑	不良生活习惯 / 体育锻炼 少 / 低头时间 多
③ > 50% 青少年患有间歇性颈肩痛	

颈椎形态异常
产生生理疼痛
影响身体姿态

Q14 | 脊柱形态异常与青少年腰背痛有关系吗？

A

目前在我国，超过三成的青少年存在由坐姿不良等问题引发的腰背痛。

大部分青少年的腰背痛是不明原因的疼痛，通常认为其影响因素包括不良姿态、缺乏运动、久坐、家族病史和书包过重等。儿童青少年时期正是生长发育的高峰期，脊柱还未定形，此时不良姿态会改变脊柱的力学结构，加之缺乏锻炼使得脊柱周围肌肉的力量不足且不均衡，极易使脊柱发生变形，引起疼痛。此外，一旦青少年腰痛三个月以上，要警惕其是否患有强直性脊柱炎，这一疾病的早期具有腰背疼痛和僵硬，以及晨起时腰痛明显等症状。

脊柱发生变形

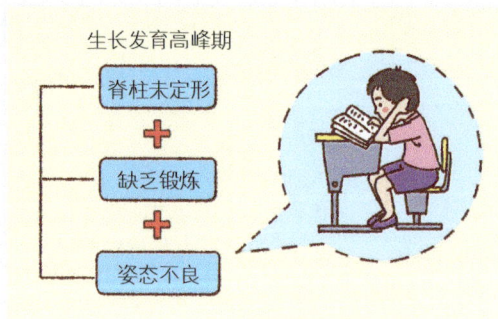

引起

青少年腰背痛

生长发育高峰期

脊柱未定形

+

缺乏锻炼

+

姿态不良

腰痛超过三个月，要警惕其是否患有强直性脊柱炎。

脊柱正常发育需要补充哪些营养素？

A

影响青少年骨骼生长发育的主要营养素包括钙、磷、维生素 D 和蛋白质等。推荐 12~18 岁的青少年每日摄入钙 1000~1200 毫克，牛奶及奶制品、豆类和虾皮等都是补钙的理想食材。磷摄入量过多或过少都会影响其他营养素的吸收，推荐青少年每日摄入磷 670~1000 毫克，相当于 100 克肉类或 1 升牛奶所提供的磷的量。膳食中缺乏维生素 D 或日光照射不足是人体缺乏维生素 D 的主要原因。青少年对维生素 D 的需求量较高，每日需要 7.5~10 微克的维生素 D 来促进钙的吸收并满足生长发育的需要。骨基质主要由胶原蛋白构成，膳食蛋白质的缺乏会影响骨基质合成原料的供给。建议青少年的蛋白质摄入量为：11~13 岁的男生每日摄入 60 克，女生每日摄入 55 克；14~17 岁的男生每日摄入 75 克，女生每日摄入 60 克。

营养素	钙	磷	维生素D	蛋白质	
年龄	12~18岁			11~13岁	14~17岁
摄入量	1000~1200mg/d	670~1000mg/d	7.5~10μg/d	男：60g/d 女：55g/d	男：75g/d 女：60g/d

A

　　运动对预防和矫正脊柱侧弯有一定的积极作用，但并非万能之策。

　　一些跳跃类、力量类和伸展类的运动有助于促进骨骼生长发育，增加骨密度，提高脊柱周围肌肉的稳定性，降低脊柱受伤的可能性。但不可盲目运动，不规范且过量地重复动作会造成损伤。

　　患有轻度的脊柱侧弯或功能性脊柱侧弯时，进行针对性的运动干预与不良姿态矫正会产生明显的改善效果，防止情况恶化。患有中度的脊柱侧弯时，运动可作为辅助治疗手段。由于脊柱侧弯病因及类型复杂多样，运动预防与矫正的效果有限，且侧弯发展到一定程度后，运动干预效果不明显，必须采用手术治疗和支具治疗。

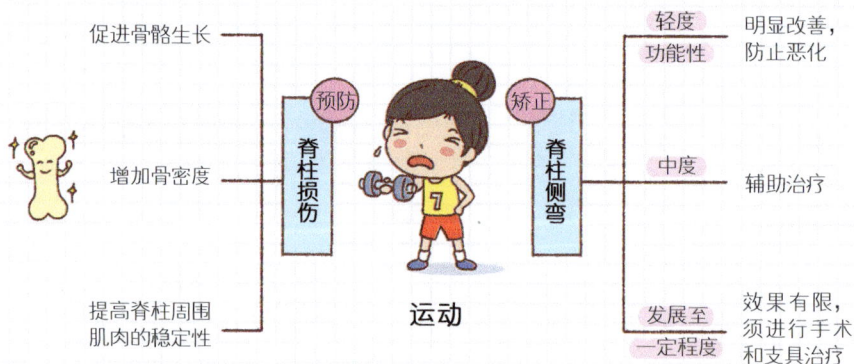

Q17 | 脊柱侧弯的发生率与性别、胖瘦有关吗?

A

脊柱侧弯的发生率与性别和胖瘦有关。

在 8 岁以下时,脊柱侧弯的发生率无显著的性别差别。但随着青春期的来临,女生脊柱侧弯的发生率与进展风险要远高于男生,发生比例可达 2:1~7:1(女生:男生),这可能与雌激素的变化有关。

体重与脊柱侧弯的发生率密切相关。与体重正常和超重的青少年相比,低体重青少年患脊柱侧弯的风险高 1.5 倍。原因可能是体重指数(BMI)较低意味着体内肌肉含量较低,对脊柱稳定性产生负面影响,增加了脊柱侧弯的风险。因此,保持正常体重也是预防和降低脊柱侧弯风险的必要手段。

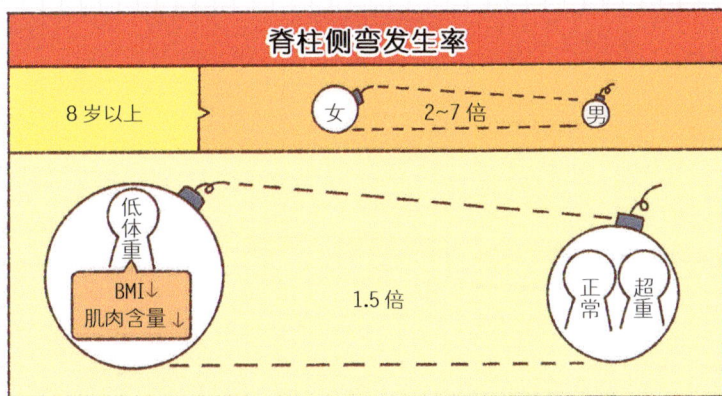

脊柱侧弯发生率

8 岁以上　　女 —— 2~7 倍 —— 男

低体重　BMI↓ 肌肉含量↓　　1.5 倍　　正常 超重

Q 18 | 有助于脊柱正常发育的运动方法有哪些?

A

运动对由脊柱问题引起的颈肩痛和腰背痛有一定的改善作用,也有助于维护日常的脊柱健康。

1. 拉伸类运动

主动式拉伸,如颈部侧向拉伸、胸椎伸展、跪姿背部拉伸和猫式拉伸等。被动式拉伸,如身体放松吊单杠等。

2. 跳跃类运动

如跳绳和健身操等。

3. 两头起类运动

如陆地游泳、超人起飞和小燕飞等。

4. 爬行类运动

如手膝爬行法(跪爬)和手足爬行法(猫爬运动、龟蛇爬运动、虎爬运动和匍匐爬行)等。

5. 其他力量类运动

如头颈悬空于床沿外的仰卧抬头练习、抬头平板支撑、腹桥、弹力带划船和弹力带扩胸等。

运动方法					
拉伸类		两头起类			
主动式	被动式	陆地游泳	小燕飞	超人起飞	
跳跃类		其他力量类		爬行类	
跳绳　　健身操		腹桥　　弹力带训练		手膝爬行法　　手足爬行法	

日常保护脊柱的习惯有哪些？

A

在日常生活中，采用正常的身体姿势进行活动有助于维护脊柱健康。

1. 搬拿重物时

应屈膝屈髋，蹲下拿物，通过下肢发力带动躯体和上肢将重物拿起，并在搬运重物时保持肘关节屈曲90度，将重物贴近身体。切记不可直腿直背，弯腰拿物，因为这将对腰椎造成极大的压力，稍有不慎，轻则"闪腰"，重则腰椎间盘突出。此外，单手持重物易导致损伤和两侧肢体力量不均衡，不利于脊柱健康。因此，应尽量双手拿物，分担重量。

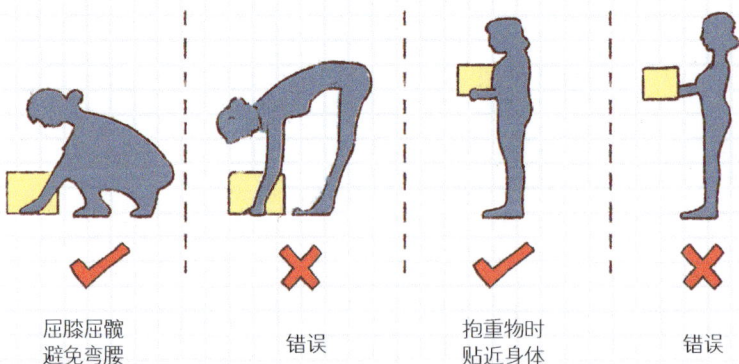

屈膝屈髋避免弯腰	错误	抱重物时贴近身体	错误

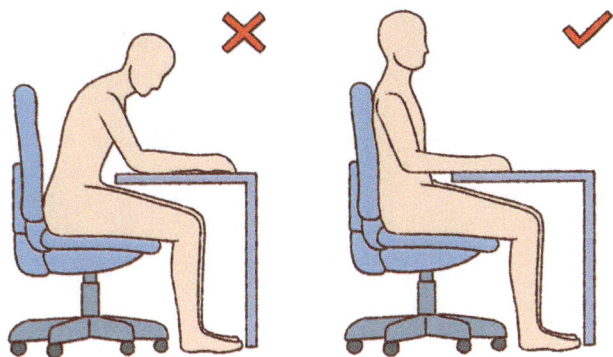

2. 久坐时

使用计算机时，计算机屏幕不可过低，屏幕应平行或略低于眼睛平视时的视线，同时腰背挺直，头部后方与背部、臀部呈一条直线，肘关节屈曲 90 度，置于桌面；低头写字时，切记脖子（颈椎）不可歪斜（头正、肩平、身直）。尽量不久坐，每坐 1 小时至少站立活动 5 分钟；若不得不久坐，也应随时在坐姿下拉伸和活动颈肩背腰。

3. 看手机时

站立或坐着看手机时，都要保持腰背挺直，头部后方与背部、臀部呈一条直线，微收下巴，将手机拿高。

Q20

针对加强青少年的脊柱健康意识，学校应该怎么做？

A

脊柱侧弯高发于学龄期青少年，通常10岁之后脊柱侧弯进展风险加剧。因此，学校在学生脊柱健康意识的形成过程中扮演着重要角色。防治脊柱侧弯最关键的是早发现、早诊断和早治疗。学龄期青少年平时应注意保持良好的坐姿和站姿，加强肌肉锻炼。学校应大力推广脊柱健康与身体姿态知识科普，增加体育活动，定期对学生进行脊柱侧弯初筛。

脊柱侧弯	高发人群	学龄期青少年	防治关键
			早发现
	进展风险	10岁之后加剧	早诊断
			早治疗

措施	青少年		
	保持良好的坐姿和站姿		加强肌肉锻炼
	学校		
	推广知识科普	增加体育活动	定期初筛